身价

让高端人脉成为你的有效资源

姜得祺——著

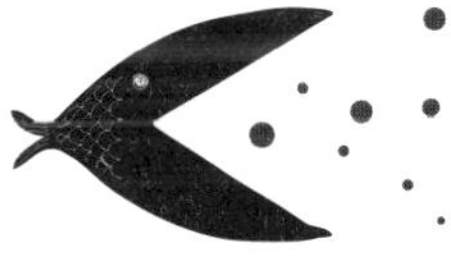

江苏凤凰文艺出版社
JIANGSU PHOENIX LITERATURE AND ART PUBLISHING, LTD

图书在版编目（CIP）数据

身价：让高端人脉成为你的有效资源 / 姜得祺著.
— 南京：江苏凤凰文艺出版社，2018.8
ISBN 978-7-5594-1615-5

Ⅰ. ①身… Ⅱ. ①姜… Ⅲ. ①人际关系学－通俗读物
Ⅳ. ①C912.11-49

中国版本图书馆CIP数据核字（2018）第033061号

书　　名	身价：让高端人脉成为你的有效资源
著　　者	姜得祺
责任编辑	黄孝阳　王　青
文字编辑	朱　静
出版发行	江苏凤凰文艺出版社
出版社地址	南京市中央路165号，邮编：210009
出版社网址	http://www.jswenyi.com
印　　刷	北京嘉业印刷厂
开　　本	700×980毫米　1/16
印　　张	15.25
字　　数	201千字
版　　次	2018年8月第1版　2018年8月第1次印刷
标准书号	ISBN 978-7-5594-1615-5
定　　价	42.00元

序言

不是我们没有高端人脉，而是我们不懂得与高端人脉相处

现在，人们之间的沟通渠道越来越多，但也普遍感到关系变得越来越陌生。其实，沟通渠道多了，反而容易导致大家不再珍惜彼此，忽视与他人的联系，最终熟悉的人变成了陌路人。当我们想要寻求帮忙的时候再联系，突然发现对方已经变得如此陌生。

尤其，我经常听到有人抱怨，为什么有的人身边有那么多的高端人脉，而自己身边却一个也没有。其实，问题并不是我们没有，而是我们不懂得怎样与高端人脉相处并维持长久的关系，因此，在不经意间失去了很多高端人脉。

现代社会，我们获得高端人脉的渠道其实很多，比如微信、微博、博客、脉脉，还有各种聚会和活动等等。但是，仅仅认识人是不够的，如果我们不懂得与人脉相处的方法，那么我们所增加的人脉可能只是我们人生道路上的过客。如果没有更深入的交往，他们也就不会关心我们，更谈不上在我们有困难的时候来帮助我们。

那么，具体来讲，我们应该怎样与我们的高端人脉相处，让他们成为我们的有效资源，在我们需要帮助的时候让他们伸出援助之手呢?

首先，我们需要认清一个误区，那就是高端人脉神通广大不

需要任何人的帮助。这是错误的，因为无论多么厉害的人都有自己办不到的事情，所以如果我们想与高端人脉处理好关系，首先就要学会观察，懂得发挥自己的价值为高端人脉解决他所办不到的事情。当我们对高端人脉的贡献越大价值也就越大，我们就能够赢得高端人脉的信赖。我们要懂得换位思考，也要懂得培养自己的高端人脉思维方式，当我们与高端人脉的思想同频时，就会与他们达成心有灵犀一点通的效果，很多事情就可以不言自明。

其次，我们需要贡献和分享自己的价值。其实很多人之所以不能与高端人脉相处融洽，就是因为缺少这两点。我们总是希望从高端人脉那里获得更多有价值的东西，却很少考虑自己能够为高端人脉贡献和分享些什么。贡献就是自己价值的最好体现，如果太过自私就难以突显出自己的价值。分享价值不仅是将自己本身的价值贡献给高端人脉，更重要的是将身边有价值的资源分享出去。这样不仅能够赢得更多高端人脉，同时也是在盘活自己身边的有用资源。资源就像人民币，只有在互动（流通）的过程中才能够体现价值。

另外，我们在与高端人脉相处的过程中，最好是能时刻保持正能量，虽然这样说也许很笼统，却很关键。试想如果有一个人每天向你诉苦，可能前一两次你还可以接受，但是时间久了你不仅没有了同情心，反而心生讨厌。因为他的苦水往往会影响自己一整天的心情。同样道理，如果我们在高端人脉面前整天怨天尤人，对方也不会喜欢我们。因此，我们要时常保持正能量，用星云大师的话说，当我们与别人交流的时候，说出来的每句话要尽量给别人欢喜、希望、力量、方便。如果做不到这点，何谈与高端人脉的相处之道呢？

除此之外，我们在与高端人脉相处的过程中还要注重培养自己拥有高远的格局。什么是格局？格局就是指一个人的眼光、胸襟、胆识等心理要素的内在布局。如果我们与高端人脉相处的时候格局太小，总是盯着自家的一亩三分地，总是考虑眼前利益，那么必然会与高端人脉产生这样那样的矛盾。所以我们要懂得放长线钓大鱼，懂得培养自己的高端人脉。如果我们过于急功近利，就会难以与高端人脉相处。另外，面对高端人脉无意间的伤害，不应该斤斤计较，而应面向未来，以宽广的心胸包容对方，以长远的眼光与高端人脉建立关系。如果只盯着他人的缺点，会让彼此之间的隔阂越来越大，不利于建立密切的人际关系。

与高端人脉相处最高的境界就是能够长期保持密切联系，持续地贡献彼此的力量。这不仅需要我们懂得如何与高端人脉进行互动，还要懂得如何进行资源整合，更要懂得对我们的人脉进行维护。我们要主动创造让彼此都需要对方的机会，并让彼此的需求都能得到满足，最重要的是，让高端人脉时刻能够感受到我们的存在，感受到我们对他的在乎……

以上就是本书的核心内容所在，当然，书中还收录了更多的方法和实用案例。希望读者在耐心翻阅本书后，秒懂与高端人脉相处的方法和技巧，从而与他人建立良好的关系，快速地走上升职加薪的幸福成功之途。

姜得祺

目　录

第一章 分析诉求，让高端人脉也需要你的帮助

1. 善于观察，懂得分析诉求　002
2. 抓住对方的心理就能抓住人脉　005
3. 拥有高端人脉的思维方式　009
4. 换位思考，有针对性地帮助　014
5. 产生共鸣才可建立强关系　018
6. 明确自己的高端人脉目标　022

第二章 提升个人品牌价值，成为对高端人脉有用的人

1. 品德是立身之本　028
2. 讲好个人品牌故事　031
3. 成为某一领域的专家　035
4. 拥有独特的人脉网　039
5. 诚信做人，直面最真实的自己　042
6. 价值观的吸引法则　045

第三章

懂得奉献，成为高端人脉不可或缺的人

1. 热情付出一分，必有十分回报　050
2. 分享自己的人脉情报网　051
3. 做一个慷慨大方的人　055
4. 人们更愿意帮助曾经帮助过自己的人　058
5. 帮助对方实现心灵的渴望　062
6. 真正的成功是带动身边人一起成功　065

第四章

乐于分享，将价值传递给更多高端人脉

1. 让资源真正活起来　070
2. 互利共赢是一切合作的基础　073
3. 懂得感恩，让你充满人情味　077
4. 使价值传递最大化　080
5. 分享也需要有原则和底线　084
6. 要分享不要“贪污犯”　087

第五章

风趣幽默，做个能给高端人脉带来快乐的人

1. 微笑是你的第一张名片　094
2. 高端人脉其实很在乎你的态度　098
3. 你的快乐不要建立在别人的痛苦之上　102
4. 让幽默成为化解尴尬的“润滑剂”　105
5. 你的段子是否能够解决你的问题　109
6. 做一个低调而有内涵的人　112

第六章

保持正能量，让你拥有更多高端人脉

1. 有一套专业的介绍自己的方式 118
2. 自信，让别人觉得你更踏实靠谱 122
3. 用阳光照亮别人内心的阴暗 125
4. 说话就是要给人欢喜、希望、力量、方便 129
5. 抬高别人，让对方感受到价值感 133
6. 拥有能够给大家带来正能量的资源 136

第七章

高远的格局，只有同频才能同路

1. 建立高远的人生格局 142
2. 只有放长线才可以钓大鱼 146
3. 高尚与涵养是人生的左膀右臂 149
4. 不攀缘，而是以宽广的心胸去结缘 153
5. 遇到任何大事都能够沉着应对 155
6. 懂得低头，给别人足够的面子 159

第八章

人脉互动，让高端人脉真正活起来

1. 交换名片并不算真正的认识 164
2. 创造让彼此都需要对方的机会 167
3. 好建议只有采纳才是最好的回报 171
4. 真情互动，人脉才能更长久 175
5. 介绍你的人脉参与有价值的活动 178
6. 巧妙借势成就彼此 182

第九章

整合人脉，让你的人脉真实有效

1. 筛选优化有效人脉资源 188
2. 不是大家都喜欢你才有好人脉 191
3. 对人脉资源进行归类 195
4. 建立人脉资源管理机制 199
5. 做身边人资源整合的“红娘” 203
6. 我们整合的是未来高端人脉 206

第十章

维护高端人脉，让其成为可持续的力量

1. 维护人脉不是索取而是给予 212
2. 懂得收缩人脉圈子 215
3. 核心人脉与次要人脉的维护 219
4. 拒绝生活中的无用社交 222
5. 人脉维护需要细节之中见真情 226
6. 电话中解决不了的问题最好当面解决 230

第一章 分析诉求 让高端人脉也需要你的帮助

善于观察，懂得分析诉求

抓住对方的心理就能抓住人脉

拥有高端人脉的思维方式

换位思考，有针对性地帮助

产生共鸣才可建立强关系

明确自己的高端人脉目标

1. 善于观察，懂得分析诉求

要想让高端人脉成为我们有效的资源，那么，我们必须首先成为高端人脉值得信赖的、有价值的资源。这个世界上没有免费的午餐，只有我们自己变得有用、有价值，高端人脉才愿意为我们贡献他们的资源。如果我们自身毫无价值，高端人脉未必愿意伸出援助之手来帮助我们。毕竟每个人都很忙，不愿意将时间和精力花费在没有成果的事情上。所以，当我们抱怨自己人脉少，抱怨别人不帮助我们的时候，是不是要首先思考：我们为别人做过什么？我们是否有值得别人帮助的价值？因此，要想成为高端人脉眼中有用、有价值的人，必须观察高端人脉，了解他们的爱好，才能够互相认识。

当然，在观察高端人脉的需求之前，首先要消除几点常见的错误认识和做法：

● 高端人脉不需要我们的帮助

这个观点是错误的。尺有所短，寸有所长，生活在这个世界上的任何人都是由于某种被需求的关系而紧密联系在一起的，高端人脉也有自己办不到、需要我们去办的事情。

● 将高端人脉的“不需要”信以为真

当高端人脉不了解我们时，我们主动提出帮助，高端人脉还是有戒备心理的，一般会拒绝，但是我们不能将他的拒绝信以为真，而是应该仔细观察，巧妙地帮助，让对方看到我们的诚心和价值。

● 观察不够仔细，帮助阴错阳差

观察就要观察本质，不能被表面的现象所迷惑。很多时候我们好心办坏事就是由于观察不够仔细所导致，拍马屁的时候拍在了马蹄子上，对方不仅没有高兴，反而更生气了。因此，只有观察仔细，观察到本质需求，才能有针对性地帮助，才能好心办好事。

有的人兴趣爱好特别明显，稍微注意一下就可以发现，但是有很多人兴趣爱好并不明显，只要观察了解足够深入也是能够发现他们的需求的。

威利创业成立了自己的公司，如果要保持盈利需要与市场上的大公司进行合作，而大公司根本不会理会创业公司。于是，威利通过各种关系认识了行业内的龙头老大王总。王总性格比较耿直，威利想通过各种关系与王总搞好关系，可是王总油盐不进，对威利的主动示好表现得爱理不理。

这天，威利来到王总的办公室，以顺便路过的名义找王总聊聊天。王总正好与几个下属讨论一个项目，当意见有分歧的时候，王总突然发飙了，拍着桌子大骂。正巧办公室的门开了，从门缝挤进来一个五六岁的小女孩，看到王总发火，顿时吓得哭了起来。王总听到哭声，赶紧跑过来，抱起小女孩，一改刚才的粗暴，而是温柔地说："宝宝不哭，不哭！"原来这个小女孩是王总的女儿，王总此刻，既贴着笑脸哄孩子，又给女儿拿糖果，直到小女孩不哭了，他才放心。

威利看到这一场景，心里一亮，虽然王总难以突破，但小女儿是他的心头肉，从这里突破应该没有问题。

威利通过各种途径打听，王总与爱人离婚，他自己带着小女儿在单位附近的幼儿园上学，女儿每次放学都来单位找王总，然后王总再带她回家，而且这里距离王总的家还有很长的一段距离。

于是，威利在王总办公室附近的地方高价租了一套公寓，布置得温馨又漂亮，让王总就住在这里方便照顾女儿。王总自然不会同意，因此，拒绝搬进威利替自己租的房子。

威利说："搬家不搬家，恐怕不是你说了算的！"

王总抬高嗓门问："难道你强迫我搬进去不成吗？"

威利说："我当然不会逼着你，不过，您的千金已经替您做主了。她很喜欢这房子，她还说您心情不好，很容易发脾气，这会伤身体。而且您家距离学校比较远，这样来回跑影响您和您孩子的身体和休息。如果您就住在附近，彼此都方便了。而且您女儿还说您回到空荡荡的家里，心里就会很难受、很孤单、很可怜，她心里也很难受……那您为何不为您的女儿换一个环境呢？"

王总没有想到女儿如此理解和体谅自己，顿时眼眶都湿润了。最终，王总和女儿搬进了威利租的房子。

从那之后，威利的创业公司得到了王总的关照，王总的公司与之建立了稳定的合作关系，双方均取得了快速的发展。

与熟悉的高端人脉攀关系，没有必要拐弯抹角，可以直奔主题；但是当我们面对不太熟悉的高端人脉的时候，就要注意方式方法，不可太直接，否则完全有可能吓到别人。要想与这种高端人脉建立关系网，就要学会委婉自然、循序渐进、顺理成章，让他感觉到你的每一句话都是不经意间提起的，每一次帮忙都是不费吹灰之力的举手之劳，虽然如此，你的每次伸手却都能够恰到好处地帮助他解决燃眉之急。虽然他口头上可能拒绝，但内心怎么会真心拒绝呢？

我们无时无刻不在为拥有高端人脉而奋斗，因为每多认识一个高端人脉，我们通往成功的捷径就很有可能因此被打开，我们可能节省十年、二十年的奋斗时间，我们可以在更短的时间内拥有更多的资源，离成功也就更近一步。正是因为高端人脉有如此重要的意义，所以它成为人们竞相争取的资源对象。有些高端人脉对此很排斥，因为有时候在帮助过别人后，他们不仅没有得到一声“谢谢”，甚至有被倒打一耙的受伤遭遇，导致他们不想再去帮助别人。但是，我们并非没有机会，只要仔细观察，润物细无声，让高端人脉信任我们，他们还是有可能来帮助我们的。无论最终效果如何，我们都应该抱着感恩的心来对待我们的高端人脉，也许在这件事情上没有成功，但是并不意味着在其他事情上不可能成功。只要我们有信心，一切都会有美好的结局。

2. 抓住对方的心理就能抓住人脉

狐狸在树林里找吃的。它来到一棵大树下，看见乌鸦正站在树枝上，嘴里叼着一片肉。狐狸馋得直流口水。

它眼珠一转，对乌鸦说：“亲爱的乌鸦，您好吗？”乌鸦没有回答。

狐狸赔着笑脸说：“亲爱的乌鸦，您的孩子好吗？”乌鸦看了狐狸一眼，还是没有回答。

狐狸又摇摇尾巴说：“亲爱的乌鸦，您的羽毛真漂亮，麻雀比起您来，可就差多了。您的嗓子真好，谁都爱听您唱歌，您就唱几句吧！”

乌鸦听了狐狸的话，非常得意，就唱了起来。“哇……”它刚一开口，肉就掉了下来。

狐狸叼起肉，一溜烟跑掉了。

虽然这是一则小小的寓言故事，但是也从侧面说明了一个问题：要想吃到“肉”必须揣摩透乌鸦的心理。同样的道理，我们要想成为高端人脉眼中有价值的人，必须理解对方的心思，只有这样才能真正认清其需求。

可是，我们并不是高端人脉肚中之蛔虫，不可能完全摸清他们的心思，那么，我们可以通过观察一个人的言谈举止、表情变化、衣着等来了解其内心世界，这也是最直接、最便捷的方式。

历史上著名的贪官和珅之所以能够在乾隆皇帝身边混得如鱼得水，就缘于他会察言观色，懂得如何去揣摩乾隆的心思。正是由于和珅抓住了乾隆的心理，而且总能够巧妙地找到恰如其分的应对策略，使得乾隆龙颜大悦，自然处处护着和珅了。

和珅是一个感情非常细腻的人，为了抓住乾隆的心思，他不仅收集了乾隆喜欢的所有诗词句，而且背得滚瓜烂熟，做到如此地步实属不易。

后来，乾隆皇帝的母后去世，和珅对此的表现极为出色。他不像其他的皇亲国戚、官宦臣下那样一味地劝皇上节哀，或说一些无关痛痒的话，和珅只是默默地陪着乾隆跪泣落泪，不思寝食，几天下来人就搞得面无血色、形容枯槁。能与皇帝如此同感共情的人，朝中只有和珅一人！因此，和珅也深受乾隆皇帝宠信。

此外，史书载，一次乾隆出游，途中忽命停轿却不言为何，别人都很着急。和珅闻知后，立即找到一个瓦盆递进轿中，结果甚合上意，溺毕继续起驾。一路上，人们都佩服和珅脑子灵，取悦龙心有术。另据史书载：“高宗（指乾隆）若有咳唾，和珅以溺器进之。”乾隆是一个非常诙谐的人，喜欢与臣下开玩笑，据此，和珅经常给乾隆讲一些市井的俚语笑话，令皇帝龙心大悦，这不是一般军机大臣所能做到的。

凡此种种，都是和珅的过人之处。他对乾隆皇帝的脾气、爱好、生活习惯、思考方法了如指掌，可以充分做到想乾隆之所想，为乾隆之所为，这与一般的曲意逢迎、阿谀献媚有所不同，和珅的许多逢迎行为都具有深厚的同感基础，都是将心比心的结果，相当有水平。

和珅如此擅长揣摩乾隆的心理，甚至仿佛乾隆的脑子也长在他的头上一般，乾隆想什么他都清楚，这样的人得不到乾隆的喜欢才怪。

除了需要察言观色，我们也应该随机应变。

一个举人经过三科，又参加候选，得了一个山东某县县令的职位。第一次去拜见上司，想不出该说什么话。沉默了一会儿，忽然问道："大人尊姓？"这位上司很吃惊，勉强说了姓某。县令低头想了很久，说："大人的姓，百家姓中没有。"上司更加惊异，说："我是旗人，贵县不知道吗？"县令又站起来，问："大人在哪一旗？"上司说："正红旗。"县令说："正黄旗最好，大人怎么不在正黄旗呢？"上司勃然大怒，问："贵县是哪一省的人？"县令说："广西。"上司说："广东最好，你为什么不在广东？"县令吃了一惊，这才发现上司满脸怒气，赶快走了出去。第二天，上司遣他回去，任学校教职。

这名县令好不容易得来的职位，却因为不懂得察言观色，最终失去了，后悔莫及。

探求他人内心对于有些人来说轻而易举，但对于另外一些人来说却是那么难，那么，到底如何做才能变得简单呢？

● 观察面部表情，随机应变

人的喜怒哀乐都会通过表情而展现出来，只要我们根据对方的表情变化随机应变，就可能赢得对方的信赖。比如，当一个人高兴的时候，脸颊的肌肉会松弛；一旦遇到悲哀的状况，也自然会泪流满面。当然也有一些人为了掩饰内心情感，不会将自己的内心活动通过表情展现出来，但是需要记住一点，没有表情并不代表没有感情。只要仔细观察表情，还是会观察到细微的变化，因为假装出来的微笑永远没有真诚的微笑灿烂。其实面部无表情一般只有两种原因：一种是极其不关心，另一种就是压根不看在眼里。无论对方出于什么样的心理，当我们面对这种表情的时候应该开诚布公，不要说太多，更不要正面起冲突，只要将利弊讲清楚让对方去思考就可以了。另外，当一个人悲哀或者憎恨到极点也会微笑，所以我们应该根据当事人的处境，对其心情进行分析，看他到底是悲伤还是真诚微笑。最后，要懂得随机应变，不要始终如一地用一种态度应对对方。对方高兴的时候我们可以聊点开心的；对方不开心的时候，我们少说废话，多说一些安慰的话。

● 懂得倾听弦外之音

倾听我们每个人几乎都会，但是听懂弦外之音未必每个人都会。听弦外之音就是听话背后的话，这些话才是谈话最核心、最本质的东西，只有听明白这些才能了解真正的问题。在聊天过程中，有很多人会有意无意地掩饰核心问题，但是作为倾听的人，要拨开迷雾找到问题的真相，这样才有助于快速解决问题。否则云里雾里，分不清方向和目标，最终花了大力气但问题却没有得到解决，费力不讨好。要听懂弦外之音不仅需要我们注意倾听对方的言语，还要分析话题的核心问题，遇到弄不清楚的不妨直接询问对方的真正意图。有些人的文化层次和语言逻辑有限，一张口我们就能够明白他所要达到的目的；有的人在说话的时候有个习惯，针对关键问题、核心问题，会多次重复、加重语调，只要我们听仔细一点就不难发现沟通的核心点。

● 眼神里有语言

俗话说，眼睛是心灵的窗口。只有读懂别人的眼神，才有可能搞清楚对方此刻的心理状态。眼神沉静，说明对方对此成竹在胸、胜券在握，那么我们只要等待对方来处理就可以了，他可能现在并不能听进去你的建议；眼神涣散，说明对方可能也毫无办法，不知所措，这时需要你出手解决问题；眼神阴沉，说明对方比较凶狠，这时应注意谈话方式，提高警惕，避免受到伤害；眼神痴呆，说明对方可能惊恐万分，需要让对方安下心来；眼神似火，说明对方此时怒火中烧，不妨以退为进；眼神恬静，说明对方对你的谈话内容很满意……总之，眼神千变万化，只有仔细观察、认真揣摩才能弄明白对方的真实意图。

● 衣着就是心理独白

据我观察，衣着比较华丽的人往往自我展现欲望强烈，多对这种人进行赞美，对方很容易与你站一队；有些衣着朴素者缺乏自信，面对这种人应避免争吵，给对方足够的面子，甚至可以先认同，随后再阐述个人观点；有的经常穿着时髦衣装的人比较孤单，情绪波动较大；有的人自己怎么舒服怎么穿，不理会别人的看法，这种人可能比较死板，难以被说服……服饰在变，人的心情也在变化，只有认真分析，才能真正了解对方的内心世界。

3. 拥有高端人脉的思维方式

人与人之间的财富和地位会有很大差别，然而导致如此差别的根本在于人的思想。思想可以让一个人拥有数不尽的财富与荣耀。

我们的高端人脉资源都拥有着强大的能力，他们的成就与他们的思想有密切的关系。我们要想与这些人很好地相处，最好能够思想同频，也就是我们能够与高端人脉想到一起，达到心有灵犀一点通的地步。用高端人脉的思维方式与他们相处，不仅能够让我们之间的关系维持时间更长久，而且能够让我们拥有更多的人脉。

那么，高端思维方式从何而来呢？

● 不断学习提高视野

读书就像爬楼梯，读的书越多，你站的位置越高，你的视野就越开阔，这样你看待问题的角度就会与众不同，解决问题的时候才能抓住症结，直击要害。

● 给思考留下更多时间

很多普通人几乎将所有的时间都用来拼命工作，想办法养家糊口，说白了就是忙着低头拉车，没有时间往前看路，当掉到“坑”里之后才想办法往外爬，无谓地浪费大量的时间和精力。高端人脉一般有一定的经济基础，不用为了生计奔波，拥有更多的时间去思考未来的发展，能够看到前面的“坑”，懂得绕弯，不会掉进“坑”里，所以前进的速度比一般人更快。

● 锻炼高远的目光和宽广的心胸

如果我们在某一个人或某一件事情上犹豫不决，或者是斤斤计较的时间太久，就会失去前进的时间和动力。时间久了我们就会变得目光短浅、心胸狭窄、思想狭隘。我们与其这样，不如懂得放弃，懂得宽容别人，轻装上阵，这样做事会更大气、更有魄力，也会使我们形成强大的人格魅力，无往不胜。

● 换个立场考虑问题

很多人之所以思想狭隘，主要的原因就是自私，无论干什么事情总是希望以自我为中心，以自己的利益为核心，不懂得为他人着想，甚至以牺牲他人利益来换取自己的利益，这种人只能逐渐断送自己的声誉，断送自己的人脉圈子，最终孤苦伶仃。所以，只要我们懂得为他人着想，学会换个立场、换个角度去思考问题，这样我们的人生道路就可能会变得更加宽阔。

思想决定了一个人成就的大小，思维方式决定了一个人处理问题的能力，一个人的格局与思维方式有很大的关系。

如何看待思维方式对一个人成就的影响，不能仅以高端人脉进行论述。通过下面的例子，你会明白很多。

有一位在外面混得风生水起的富人衣锦还乡，他惊讶地发现自己的村子里面竟然还有穷得吃不上饭的人家。于是，他想帮助一下这名穷人。如果直接给钱只会让这名穷人养成不劳而获的习惯，会变得更加贫穷。这位富人一时想不到更好的办法来帮助这名穷人，便问："你需要什么东西？"穷人说："我需要一头耕牛！"的确，富人觉得给他一头耕牛是不错的主意。针对农村来说，牛就是一个家庭的顶梁柱，有了牛完全可以改变家庭的现状。

于是，富人在镇上买了一头耕牛拉回去送给这个老乡，并且告诉他勤快点儿，到山上割草喂牛，等开春的时候开垦一些土地，种一些粮食，这样到秋季就有收获了，再也不用饿肚子了。然后，再让大牛生小牛，从此过上富裕的日子。老乡很感动，答应富人自己一定会照做，让自己尽快富起来。富人放心地离开了。

可是没过几天这个老乡就犯难了，牛要吃草，他懒得上山去割草，再说他目前最要紧的是解决吃饭问题。他想来想去便将牛卖掉了，买了一些米面，用余下的钱买了几只羊。他心想：只要将这些羊放养好，大羊生小羊，等小羊长大了卖掉，照样可以挣很多的钱。

过了一段时间，老乡又决定将羊卖掉，因为羊每天都需要赶到山上去放养，风吹日晒，他觉得很辛苦；另外，他本打算依靠小羊卖钱，可是这些羊生小羊并非一朝一夕的事情，他觉得时间太漫长了，他等不及！更关键的是，最近家里的米面吃完了，必须尽快筹钱买这些生活必需品。再说，如果将羊卖掉，买一群鸡，鸡不仅不需要放养，还可以产蛋，将鸡蛋卖掉，也可以让自己过上不错的日子。

这个老乡很快如愿了。可是过了一段时间日子又过得紧张了，于是，他将鸡杀掉吃了，直到只剩下最后一只鸡。这个老乡彻底绝望了，仅仅依靠一只鸡是难以致富的，还不如卖掉换一壶酒来喝。于是，老乡喝完最后一滴酒，日子又回到了从前。

春天到了，这位富人很兴奋，他想那头牛可以用来耕地了，这样老乡就不愁吃穿了。于是，他替老乡买了一些耕种的种子，来到了老乡的家里。只见老乡依旧像之前一样，蜷缩在角落，蓬头垢面，一看，牛早没有了，他顿时明白了，没有再说什么就转身离开了。这个老乡继续过自己的穷日子。

可见，这个老乡之所以还是那么贫穷，就是因为他目光短浅，只看眼下的日子，而不看长远的生活，这是他在长年累月中所形成的固定思维方式，这种思维方式不仅陈旧，而且狭隘，最终只能让他回归到从前的生活。而那位富人之所以能够从这个村子走出来一步步成为富人，与他这些年在外面艰苦奋斗、一步一个脚印所形成的思维方式有很大的关系，他的思维方式是鲜活的、眼光是高远的，这必将助他取得更大的成功。如果没有这样的思维方式，他也许会与他所资助的这个老乡一样穷困。

据说，潘石屹与自己的好兄弟李勇在深圳一起闯出了一片小天地，潘石屹当时已经成为了电话机销售部门的经理。可是，当他从报纸上得知海南大开发的消息之后，觉得这是个千载难逢的好机会，于是，立刻和李勇来到了海南。到达后，发现日子远没有想象的好，他们不得不去砖厂出苦力。此刻，李勇充满了抱怨，他觉得在深圳多舒服，却要在这里受罪。但是，潘石屹总是告诉他眼前的苦是暂时的，自己不可能一辈子一直干这份工作。潘石屹坚信自己的未来是美好的。

有一天，潘石屹发现可以提高生产砖的方法，于是，他打算去找砖厂的老板，让老板将砖厂交给自己来管理，并且如果看到效益明显提高必须给他提高工资，剩下的全部归老板。但是当李勇听到潘石屹的这番话时认为他傻了，刚来砖厂才几天就想当厂长？潘石屹很坦然地说，如果老板答应了更好，不答应我们也不损失什么。没有想到老板竟然答应了。于是，潘石屹从一个刚入砖厂20天的小子，摇身一变成为了砖厂厂长。随着工厂的效益猛增，老板如约付给了他高工资。

可是，潘石屹还不满足于现状，他觉得凭着自己的能力，可以挣到更多的钱，于是，他打算将这个砖厂承包下来，没有想到却遭到了李勇的反对。李勇觉得现在的日子很好，无须再折腾。但潘石屹是个倔脾气，他觉得如果这样缩手缩脚地干永远没有前途，必须放开手脚去大干。

潘石屹承包下砖厂，在他的经营之下砖厂的生意非常红火，每月的盈利达到三四万元，李勇的工资也由之前每月的五六百元提升到了三千多元，当时的干部工作一年也未必能挣这么多。

后来，由于海南房地产市场景气度下滑，砖厂的生意难做，之前挣的钱都亏在了里面。当潘石屹想到其他挣钱的路子时，李勇却提出自己再也不想跟着潘石屹折腾了。从此，兄弟俩分道扬镳。

多年之后，当李勇仍在工地上打工的时候，潘石屹已经身家五六百亿元。李勇感慨地说："以前，我以为潘石屹的成功很偶然，可现在不这样认为了。因为每当在生活的岔道口，我只图安稳，满足于有工作干就可以，害怕失去现有的一切。当初，我还觉得潘石屹每次都是瞎折腾，其实他每次折腾时，都有了更高的起点，终于折腾成了拥有几百亿元的富翁！这就是我跟他的区别啊！"

其实，潘石屹的成功不仅与他的勤劳、聪明、能吃苦有很大的关系，更重要的是他有与众不同的思维方式，在工作过程中他总能够找到最挣钱的办法，不满足于现状，对未来充满信心。每次看似折腾，但每折腾一次，都能让他的身价上升一个台阶。李勇之所以落得如此下场，也与其思维方式有关，他看到的只有眼前，而没有明天，没有未来。如果李勇在与潘石屹相处的过程中能够与他达到思想同频、步调一致，必然不会是今天这种结局。

因此，当我们与我们的高端人脉相处的时候，尤其是出现意见分歧的时候，一定要冷静想一想，为什么会出现这种分歧？自己是否做出过长远的打算？也许在找到最正确的答案之后就知道该怎么与其相处了。

4. 换位思考，有针对性地帮助

要想与高端人脉相处得融洽，让他们能够成为我们有用的资源，我们首先要获得对方的好感和认同。当我们非常理解一个人的时候，最容易获得对方的好感。当我们与高端人脉相处的时候，不仅我们想获得对方的认同，其实对方也想得到我们的认同。认同在心理学上叫同理心，也就是能够设身处地地理解他人的情绪，感同身受地明白及体会身边人的处境及感受，并且能够及时满足对方的需求。可见，要想获得认同，只有换位思考才能达到这样的效果。

换位思考是理解他人、达到认同的基础。面对高端人脉的一举一动，如果想理解其真正目的，我们不妨将自己假设成对方，站在对方的角度、对方的处境来思考。当你时刻在想该怎么办的时候，也许这也正是我们的高端人脉内心所想的，这样一来我们就很容易理解对方所思所想，并且能够快速找到满足对方内心需求的方法，如此，获得对方认同的可能性就会大大增加。

那么，怎样才能做到真正的换位思考呢？

● 位置的交换

当我们不是很理解对方的时候，最简单的方法就是站在对方所站的位置去看待问题。比如，小孩对着面前的一朵花大喊："这朵花好高啊！"如果大人不站在小孩的角度去看待，而是仍然站在自己的角度，可能就会认为这个小孩是个傻孩子；但当大人蹲在小孩的位置，会发现：原来这朵花真的很高，超过头顶的高。

● 角色的交换

换位思考不仅仅是位置的互换，角色的互换更为关键，也就是你将对方换成你自己，然后从这个角度来看待问题，这样就很容易理解对方此刻的所思所想，以便于自己找到对方内心的需求，进而再去极大地满足对方，这样必然能够赢得对方的信赖。

其实，人与人之间要想加强认同，不是要为对方做一些轰轰烈烈的事情，而是在一些日常生活中的琐碎事情上能够理解对方、支持对方，这必然离不开换位思考。当站在对方的位置，把自己当作对方的时候，你就会明白一切，这样你才能说到位、做到位，才能让对方体会到你对他的关心和重视。

同样，当我们在生活中的某些行为引起别人的误解的时候，我们不要暴跳如雷，更不要着急反击，而应该不急不躁，以宽容的心态去面对，站在对方的角度去寻找造成误解的原因是什么。当你换位思考之后会发现，其实自己也很容易这样误解，那么你的心里也就坦然了，明白这并非别人故意如此，而是自己有问题。因此，我们不仅需要对攻击者宽容，更需要在恰当的时机向对方解释，化解误会。当你解释之后，对方自然而然也会换位思考，明白你的良苦用心，对你产生感激和敬佩。

有位农人辛苦种的庄稼眼看就快成熟了，这让他很兴奋，几乎每天都要到田间地头去看看，等待完全成熟之后收获。这天，下了一场大雨，他担心自己的庄稼会被雨水冲倒，于是，赶紧到自己的田里去看看。不看不要紧，一看让他火冒三丈：靠近他田边有一条路，路中间有一段比较低洼，积满了雨水，行人难以通过，于是，行人就从他的田里经过，踩踏倒了大片庄稼，这让他心痛万分。他赶紧跑回家做了一个木牌，上面写着“禁止通行，违者罚款”，然后插在了田边，他以为这样别人再也不会踩踏自己的庄稼了。

当第二天再次查看的时候，发现别人依然从自己的庄稼地里走，完全无视牌子的存在。这些人难道瞎了吗？农人越想越生气，回家拿了一把铁锹，在低洼路面和田地中间挖了一条让人跨不过去的沟壕。他以为这样就万事大吉了，只要别人无路可走，就不会从这里走了，就不会踩踏自己的庄稼了。可是让他没想到的是，这样不仅没有阻止别人，反而由于大家无路可走，绕了个更大的弯子跨越到他所挖的沟壕的对面，这样一来他的庄稼被踩踏的面积变得更大。欲哭无泪的他只好每天守在自己田里，结果不断地与行人吵架，这使他不仅生气，而且寝食难安。

这天夜里，他躺在床上依然想着解决的办法。突然，他问了自己一个问题：如果我是那些行人该怎么办？如果田边的路好走我一定走路，而不从田里走。可是现在路不能走了，只能从田里走了。

第二天一早，农人扛着铁锹到自己的田边，将自己挖的沟壕填了起来，将路边低洼地方的积水引流到别的地方，然后，从别的地方取土将低洼的地方填平，修了一条平坦的大道。从此之后，再也没有人踩踏他的庄稼了。

最初，农人之所以苦恼就是他只站在自己的角度思考问题，而没有站在行人的角度。当他换位思考之后恍然大悟，找到了解决问题的根本办法。所以，生活就是一面镜子，你怎么对待别人，别人就会怎么对待你。如果我们不懂得为别人着想，别人怎么可能为我们着想？当我们给别人方便时，别人就会给我们方便；当我们考虑别人的利益时，别人就会考虑我们的利益。总之，懂得换位思考，才能彼此理解，才能让自己的人生焕然一新。

王明珠是一家企业的总经理，虽然只有三十多岁，但是资产已经达到了几个亿，真可谓是位商界女强人。她做事雷厉风行，而且很自信，因此在很多人看来有些霸道。可是，最近发生的几件事情让她有些自信不起来。最初是公司几位核心的领导递交了辞职报告，如果让他们离职必然会使公司元气大伤。本来她就因为这件事情很烦恼，没有想到回家之后，丈夫主动找她说有事情想与她谈一谈，她突然爆发了冲着丈夫吼道："你有什么事情非要现在说不可吗？"丈夫就像平时一样没有生气，依然微笑，他沉默了片刻将一张纸递给了王明珠。当她接过来一看：离婚协议书。"这是要集体造反，还是怎么的？"王明珠将离婚协议书撕得粉碎。

这一晚王明珠失眠了，辗转反侧，她第一次反思自己到底是什么地方出现了问题。这些年自己只顾着带领员工向前冲，却从来没有考虑过员工的感受。记得马云曾经说过，员工离职的根本原因就两点：一是钱没有给到位，二是心里委屈。自己似乎这两点都没有做好。男人无非是希望老婆孩子热炕头，但自己只顾着事业，拒绝了丈夫要孩子的要求，甚至经常对丈夫发火，是个男人都不愿意跟这样的女人过下去。

第二天，王明珠比以往任何时候都起得早，给丈夫做了早餐——这是她第一次给丈夫做早餐，并且给丈夫留了一个字条：老公，我错了，这些年我忙着事业疏忽了对你的照顾和理解……然后，再去上班。到了公司她做了一个重大的决定：每个员工底薪增加1000元，每周只工作五天，杜绝加班，如果任务紧非得加班不可，哪怕加班一小时都按照一整天工资的两倍结算。业务提成由原来的5%提升到10%，每年组织全体员工外出旅游三次。以后凡是对公司及其个人有好的建议和意见可以直接提出来，一旦采纳奖励1万元，好的建议奖金上不封顶……

如今，王明珠的公司比之前经营得更加好，那些曾经想离职的核心领导依然继续在公司工作。丈夫除了工作之外，就是照顾小孩。王明珠虽然觉得累，但是心却是快乐的。

无论是在工作、家庭，还是人际交往中，我们都应该学会换位思考，这不仅是一种为人处世的方法，更是一种生活的技巧。说起来可能比较简单，但做起来却很难。其实做起来倒也简单，那就是当别人误解我们，或者我们自己很生气的时候，不要着急回击或者找地方发泄，而是先从自身找原因，懂得换位思考，当一切问题想通之后，我们还应该具有包容他人之心。当一切问题都解决了，自己也就豁然了，再遇到类似的问题就知道该怎么办了。

5. 产生共鸣才可建立强关系

在很多人的印象中，高端人脉就是大牛，上天入地无所不能，什么事情他们自己都可以搞定，不需要借助任何外力。其实并非如此，高端人脉之所以在外人看来办起事来能够轻而易举，是因为他们身边聚集了一帮与他们相似或者比他们更高端的人脉资源，在他们需要帮助时，会根据自己的需求及时地、有针对性地启动自己的高端人脉，进而快速地帮助自己解决问题。因此，在很多人看来，高端人脉办事情总是那么简单。

这也是很多人去挖掘高端人脉资源的主要原因之一。高端人脉并非只需要高端人脉的帮助，再高端的人脉也有自己办不到的事情，这就为身价还不够高的我们创造了机会。只要我们巧妙地掌握了与高端人脉相处的技巧和方法，以小博大，也会将这些高端人脉收入囊中，变成我们宝贵的资源，当有一天我们需要的时候可以立刻启动这些高端人脉，为我们带来很大的方便。

要想与高端人脉建立强关系，我们必须充分发挥自己的价值，尽可能地为我们的高端人脉带来帮助。要想实现这一点，就必须把握以下两点：

- **注意观察**

观察和了解高端人脉的内心世界，寻找能够真正满足对方内心需求的东西，仔细观察被别人所忽视的细节，只有如此才可以让高端人脉感受到我们的走心、靠谱与在乎。

- **与其共鸣**

当找到了高端人脉的真正需求后，我们就需要想办法来满足它。如果能带给对方超出期望的惊喜，那么会给高端人脉留下深刻的印象，从而也就会对我们留下很好的印象，这样有助于与他们建立长久的联系。

很多时候，我们要想以最低的成本得到高端人脉的好感，就必须首先认清高端人脉的穴位，做到与其共鸣。很多成功人士，正是因为深谙人际交往中的这一定律，才找到了可以真正帮助自己铸就成功的高端人脉。

杰克是我多年的朋友，他在为人处世，尤其在与高端人脉相处方面很有一套。在他看来，这个世界上压根没有陌生人，只要他想拿下的高端人脉，几乎没有一个落空的。可是，最近他被一个油盐不进的高端人士难住了。此人姓张，是一家企业的老总，负责高新科技的引进；正好杰克公司研究开发的是高新科技，两家携手合作是最完美的事情。可是，杰克已经接连拜访张总两次了，每当聊到正题的时候张总总是打哈欠，一副不屑的神情，似乎在向杰克说明，找他的客户多的是，不在乎你这一家产品。

杰克虽然有些失落，但他相信凭着自己的耐心肯定能够搞定。这天，杰克脑袋灵光一闪问我："我突然记起了，他的办公室挂了好多字画，可否以这个为突破口呢？"我告诉他："不妨试试！"

接下来的一段时间内，杰克就像着了魔一般，买了好多著名书法作品集进行研究，将国内著名书画家的履历背得滚瓜烂熟。

当杰克第三次敲开张总的办公室房门时，张总照旧寒暄了几句，让杰克坐下来，然后有一句没一句地聊着。但杰克这次是有备而来，他很快将话题转移到了张总身后墙上挂着的一幅书法作品上，杰克似乎不经意问道："这是苏轼的大作吧？"

张总似乎有点意外杰克怎么没有问高科技的事情，而是问身后的书法作品，他停下手中的工作点头说："嗯，对！"

杰克说："苏轼的诗写得不错，书法作品更是了得啊！他用笔雄健庄重，肉丰骨劲，结体茂密紧严，笔墨酣畅淋漓；外柔内刚，如绵裹铁。难怪被推崇为宋代第一书法家。"

张总一听有些惊喜："你懂书法啊？"

杰克谦虚道："略懂一二。见笑了，见笑了！"

杰克吊起了张总的胃口。张总从自己的办公椅子上站起来，走过来为杰克加茶水，并坐在杰克的身边聊了起来。杰克将自己这些天学到的东西现学现卖，张总也越来越开心，仿佛遇到书画方面的知己，聊个没完没了，聊得晚饭张总都请杰克吃了。张总还邀请杰克到自己的书画室参观。

杰克之后去过张总的书画室两三次，每次两人都交谈甚欢。正当杰克想着什么时候在张总面前提“高科技”的事情的时候，没有想到张总提前发话了：“我决定从你这里进高科技产品啦！这样你有的赚，我至少还多一个和我聊书画作品的人，值了，值了！”

杰克顺利签单。后来，张总又给杰克介绍了一些人脉。原来，张总不仅是这家企业的老总，还是国家高科技产品的带头人之一，在他身边不仅有很多的高端人脉，更有很多比杰克公司还强大的高科技产品研发公司，但张总最终选择杰克是因为杰克虽然现学现卖的书画知识有限，却直击张总内心深处，使得杰克在极短的时间内赢得了张总的赏识。

事实上，但凡社交高手，在与人交往的时候，都会做到有的放矢，想办法来顺应他人的喜好。因为社交高手深知，唯有抓住他人的喜好，从他感兴趣的地方入手，才能在很短的时间内达到自己的交往目的。这些人正是因为能够巧妙地抓住对方的所好，并尽自己所能地做到有的放矢，才成为社交场上最深入人心之人。特别在面对大人物及自己寻觅已久的高端人脉的时候，更应该如此。否则，只会导致对方产生反感，为自己带来不必要的麻烦。

因此，要想与高端人脉建立强关系，不仅要消除高端人脉“不需要任何人帮助”的误解，还需要对自己将要建立关系的人脉进行深入了解，观察其内心，然后巧妙迎合，必然能够得到高端人脉的认同，这样无疑为自己前进的道路铺下一块坚实的“砖”，踩着它我们才能够走上人生的巅峰。

6. 明确自己的高端人脉目标

明确目标才能找到前进的方向。在人际交往中这一条照样适用，尤其在我们寻求高端人脉的时候，更要明白我们求助的对象是谁，要明白求助哪些人才能够解决我们的问题。如果我们的目标对象不是很明确，就可能出现张冠李戴，甚至绕很多弯子的状况，这样不仅浪费了我们的时间和精力，甚至可能耽误我们重要的事情。

那么，怎样才能锁定自己需要的高端人脉呢？

● 自己面临问题的根本原因是什么

我们每个人每天都会面临很多问题，并非每个问题都需要去求助我们的人脉，首先我们应该对自己所面临的问题进行深入分析，如果自己能够解决的问题就自己解决，不要去浪费自己的高端人脉资源；面对重大的、需要求助人脉的问题，应该分析清楚产生这种问题的根本原因是什么，明白原因后再去找最合适的人选，才能快速地对症下药，药到病除。

● 分析手中的人脉，找到最佳人选

我们应该对自己手中的人脉资源进行分类管理，例如对每个人脉的优势、特长、爱好等都应该做好记录，这样就方便我们在第一时间找到最佳人选。否则，等到我们需要人脉的时候再去分析、再去寻找，就会浪费很多的时间。

如果我们手中已经掌握了很多高端人脉资源，我们要想让人脉资源的作用最大化，就需要对每个资源的优势及需求有比较全面的了解。了解优势，有助于我们利用或者推荐给有需要的人使用，进一步提高我们手中人脉资源的价值，有利于人脉圈子的进一步拓展；了解需求，以便于我们为其提供合适的人脉资源，帮助对方解决问题，这样更能够突显我们的价值，对于我们人脉资源的拓展也是很有好处的。

人脉资源的拥有不是坐享其成可以得来的，它需要我们不断地探索和追求，更需要我们拥有良好的品德。如果没有品质的保证，很难有人来帮助我们。

有一次，我遇到了一个急需解决的问题，好在我的人脉资源库中能找到能够帮助我的人。他是我的一位忘年交，我们已经认识将近二十年了。老爷子依然很精神，只是有点眼花。

当我到老爷子家里的时候，简单寒暄后我就直奔主题，希望老爷子能够帮助我。老爷子一听很高兴，他觉得自己这把年纪了还能够帮助到年轻人，感到自己还有价值，自然不会错过发挥余热的机会。

老爷子思考了一会儿，从抽屉中拿出一张类似地图一样的东西，当我正要问这是什么东西的时候，老爷子说："过来，过来，看看你需要的人脉属于哪个类别？"我凑近一看，还果真是一张人脉地图。老爷子担心自己年纪大了记忆力变差，加上这么多年认识的人脉多怕搞混淆了，专门设计了一张人脉地图。每个类别的人脉对应的是一个柜子，柜子里面才是真正的人脉资源详细的资料。与其说老爷子手中的这张有些发黄的纸是人脉地图，还不如说是人脉资源的索引。

按照索引我找到了对应的柜子，找到了我需要的人脉资料。可是面对厚厚的人脉资源记录本，哪个才是我最需要的人脉呢？正当我对着记录本犯难的时候，忽然发现每本人脉资源记录本旁边都有一个便笺纸，最后按照便笺纸顺利找到了五六位我觉得合适的人。老爷子自告奋勇拿起电话拨通进行询问，问他们是否可以解决我的问题。老将出马一个顶俩，在老爷子的帮助下，我很快找到了能够帮助我的最佳人选。

老爷子的人脉资源记录本让我印象很深。其中不仅有最基本的信息，比如，姓名、性别、职务等，还有生日、兴趣爱好、身高等，最关键的是还记录了每个人脉的优势是什么，需要什么资源，尤其是最后两条，老爷子在旁边写写画画很多遍。针对自己人脉的优势之处，老爷子能够向外介绍给其他有需求的人。

当年没有电脑，老爷子用笔和纸记录下了这些人脉资源，虽然有点凌乱，但在这种凌乱中却透露着井井有条，让我非常佩服。老爷子的这份热情，不仅帮助了他自己，而且帮助了很多有需求的人脉。虽然老爷子现在年纪大了，但正因为手握如此多的人脉，使得他的心态依然是那么年轻，依然充满着活力，他的这种精神永远值得我学习。

后来，我认识了一位创业小青年，他所做的人脉管理系统，更让我感受到了年青一代的目标与梦想。后来，他将这套系统送了我一份，用起来极为方便。

我就拿这位小青年五年的创业规划来说吧！

比如，创业第一年需要市场拓展，那么，在市场拓展方面目前我有哪些资源？这些资源具体都是谁？包括第一联系人、第二联系人是谁？这些人有什么特长、兴趣爱好等等？自己目前有哪些优势？可以帮助哪些人？还需要认识哪些人脉？哪些人脉需要现在就认识？五年后需要用哪些人脉资源？怎么去尽快认识这些人脉？……

这个人脉系统是以电子表格的形式呈现的，不仅可以语音录入，当面对自己需要的人脉时还可以通过语音搜寻，找到最佳的人选。

如今小青年的公司已经走过了三个年头，发展势头依然很强劲，前几天有老板对其投资三个亿，足见其发展潜力。我认为这不仅与他的管理方法有关，也与他对人脉的把控有很大的关系。五年规划，不仅是对企业发展的规划，更是对人脉的规划，对奋斗目标的一种确认。

可见，无论是企业发展、个人发展，还是建立强大的人际关系，都必须对自己的人脉有所规划，对自己需要的人脉目标应该明确。如果我们连自己需要什么样的人脉都不清楚，只能证明我们对个人或者企业的发展是没有目标的、是迷茫的。如果是这样，就如走入迷雾之中，很容易迷失方向，更不可能到达胜利的终点。

第二章 提升个人品牌价值 成为对高端人脉有用的人

品德是立身之本

讲好个人品牌故事

成为某一领域的专家

拥有独特的人脉网

诚信做人，直面最真实的自己

价值观的吸引法则

1. 品德是立身之本

我们常说道德品质是一个人的立身之本，如果没有了道德品质，一个人就很难立足于这个社会，所以，道德品质的好与坏成为衡量一个人的最基本底线。当大家都说某个人的道德品质有问题的时候，人们便都不愿意与这个人合作处事，时间久了他的身边就没有朋友了；相反，道德品质高尚的人，身边的朋友会越来越多，人脉也会越来越多。所以有人说，要想了解一个人，看与他交往多年并继续交往的人的品德就可以了，此话还是有一定道理的。

对高端人脉来说，他们经历过大风大浪，遇到过各种类型的人，身心疲惫，不想把时间和精力耗费在筛选品质高尚的人脉上面，而是希望来到自己身边的人都是品质高尚的人，大家一起合作做事，互利共赢。可是往往事与愿违，很多人在筛选人才的时候，还是会出现偏差。

筛选人才时之所以出现偏差，主要原因在以下几点：

● 当初选择人才的时候求贤若渴，忽视在人品上的考量

最初在选择人才的时候，由于该人在某一方面特别突出、特别优秀，忽略了对其人品的考量，当一起共事的时候才发现其人品有问题，合作很困难。

● 当初选择的时候人品是没有问题的，但时间久了让其“原形毕露”

最初在选择所谓的人才的时候，人才为了实现自己的目的，隐瞒了自己在人品上的瑕疵；当正式合作之后，原形毕露，后患无穷。

● 将每个人想得很完美，熟悉了解之后却发现人品“劣迹斑斑”

选择人才的时候将人才想象得过于完美，但经过合作才发现其并非自己所想的那么完美，事后总有一种自己“瞎了眼”的感觉。

在当下竞争激烈、发展快速的社会，每个人都能够深刻感受到人脉的重要性，因此，大家都渴望有更广阔的人脉网，但是并非每个人都能够如愿。因为，并非每个人都具有高尚的道德。没有道德感的人，即使组建了人脉网也会很快分崩离析；并且，德不配位的人也难以带领人脉网向健康有序的方向发展。良好的道德品质是一个人构建人脉网的基础。但凡具有良好道德品质的人，往往能在众人之中树立起良好的形象，而这一形象恰恰是吸引人脉的法宝。这也说明，具备良好的道德品质是决定人脉资源多少的重要因素。无论是自己想拥有更多高端人脉资源，还是想成为高端人脉资源中的一分子，只有不断提高自身的道德修养，才能为人脉的拓展奠定良好的基础。

因此，我们在选择人才、考量其是否有高尚的道德品质时，必须懂得一些套路和方法，否则，可能会由于选择不当而败坏了自己的声誉。

加州数码公司正在招聘一名工程师，有一名叫史密斯的年轻人前去面试，他在空旷的办公室正襟危坐等着面试官的到来。一会儿，一位相貌平平、衣着朴素的老者走了进来，史密斯赶紧站起来。这位老者盯着史密斯看了半天，目不转睛，史密斯有些不知所措。此刻，老者上前紧紧抓住史密斯的手激动地说：“我终于找到你了，我终于找到你了！要不是因为你，我可能现在都看不到我们的女儿了！”

史密斯一脸的懵懂：“对不起，我不明白您的意思！”

老者说：“上次在中央公园我女儿不小心落水，是你将她救起来的，太感谢你啦！”

史密斯弄清了缘由便说：“对不起先生，您肯定弄错了，不是我救了您的女儿！”

老者肯定地说：“就是你，我肯定不会搞错的。我就是这家公司的老板，我要给你高职位、高薪水来报答你的救命之恩！”

史密斯依然很坚定地说：“先生，那个救您女儿的人肯定不是我，您说的中央公园我从来没有去过！”

老者似乎有些失落地松开了史密斯的手说：“难道真的是我搞错了？”

史密斯也很惋惜，但他依然安慰老者：“先生，您别着急，现在网络很发达，我可以协助您，让您早日找到救您女儿命的人。但我真的不是救您女儿的人！”

后来，史密斯被这家公司录取了。

有一次，史密斯在公司又遇到了老者，便上前打招呼：“您好，救您女儿的人找到了吗？”

老者说：“没有，我一直在找！”然后，沉默着走开。

史密斯心情也很沉重，他将这件事情告诉了自己的同事，不料同事笑道：“他可怜吗？他是我们公司的老板，他女儿落水的故事讲了几千遍了，可是事实上他压根没有女儿！”

“啊？”史密斯有些不解。

同事说：“我们老板就是通过这道考题来选拔人才的，他经常说，只有道德高尚的人才可以成为公司的可塑之才。不过每年招聘的时候，都有不少冒充救命恩人的人，当然最终不会被录取的。”

史密斯在工作中兢兢业业，很快脱颖而出，成为公司市场开发部经理，一年为公司创造了三四千万美元的利润。几年之后，老板退休，史密斯成为新的老板，每当有记者采访他，让他谈谈老板让他接班的原因时，史密斯总会说：“一个一辈子品德高尚的人，绝对会赢得别人永久的信任。”

可见，老板以寻找女儿的救命恩人为考题，其实考验的就是一个人是否诚实、是否有高尚的道德品质，尤其当老板说自己就是这个公司的老板，要给救命恩人高职位、高薪水时，史密斯依然不为所动，他的高尚品质赢得了老板的信任，最终让其一步步成为公司的接班人。如果当初他承认自己就是救命恩人，那么他就不可能进入这家公司。

高尚的道德品质对每一个人来说都很重要，尤其对于要建立属于自己的强大人脉网的人来说，更是如此。高尚的道德品质是考核一个人的最基本的原则，更是一个健康、有着积极价值观的人的核心组成部分，它给你的生命赋予了方向、意义和内涵。拥有高尚的道德品质才能让我们更加理性、勇敢、自信、正直、慷慨，这些优秀的品质能够吸引更多的人脉向我们靠近，让我们的人脉资源越来越丰富、越来越活跃。

2. 讲好个人品牌故事

每个人都应该学会讲故事，学会讲一个与自己品牌、价值观、情怀等相匹配的故事。当别人不了解我们的时候，我们给别人讲自己的人品有多么好，难免落下一个吹牛的嫌疑，甚至会让人更加怀疑我们的人品；当别人不了解我们的产品时，我们无论将自己的产品功能说得多么完美也未必能够打动别人。与其这样，我们还不如为他们讲一个故事，这个故事不会为了讲人品而讲人品，更不会为了讲产品功能而讲产品功能，而是将人品或功能等潜移默化地融合在这个故事之中，不显山不露水，让别人听完之后更多的是感动和认可。产品本身的说明书很死板，但是故事可以是活泼的、生动的、绘声绘色的、打动人心的。大家都爱听故事，却很少有人愿意去看说明书，因为故事中蕴含着价值观和情怀。

我曾经至少三次应邀参加我国某知名儿童空气净化器发布会，在发布会上创始人都会声泪俱下地讲一个故事。他说：“2013 年春节放假，我迫不及待地回到家中，急切地想要看到一年没有见面的儿子扑进我怀中的画面。可是当我回到家的时候，看到病恹恹的儿子，咳嗽不止。母亲说儿子已经咳嗽快两个月了，吃了很多药依然不见效果。看着难受的儿子我很心痛，作为父母看到儿子这个样子能不痛心吗？没有想到更严重的情况在后面，在我回家的第二个晚上，儿子咳嗽更严重，而且还发高烧，躺在我怀中的儿子就像一个火球一般。为了孩子的健康，我不得不在凌晨两点背着儿子，在崎岖的上路上，摸黑前进了两小时，跌跌撞撞到了医院，经过抢救，儿子没有生命危险了，烧逐渐退了，但是咳嗽依然，就连医生也无能为力。我告诉医生一定要给我儿子用最好的药物，再贵也没有关系。医生却说我们生长在这个环境中，即使今天治疗好了，当走出这屋子，呼吸到外面的空气还是会咳嗽的，我们改变不了空气啊！虽然这是医生很无奈的一句话，但却深深刺痛了我。我心里暗暗发誓：虽然我不可能改变整个空气，但我至少可以改变一屋子的空气，我一定要生产一台能够让我儿子呼吸到新鲜空气的净化器，让我儿子不再遭受空气污染带来的痛苦。2013 年初我辞职了，专心调研、考察、研究儿童空气净化器。我几乎跑遍了我国大江南北，看看那些空气好的地方空气中含有什么。跑遍了很多空气净化器生产公司，可是他们只生产一般成人用的空气净化器，没有一个厂商专门生产儿童空气净化器。儿童年龄小，身体各种机能还不成熟，其对污染的承受力也是与成人不同的。本来在调研中我打算集中调研影响孩子成长的 15 个问题，结果调研下来我发现有 65 个问题严重困扰着我们孩子的成长，空气污染便是其中之一。在研发产品的时候，我遇到了重重阻力，可是当我想放弃的时候，我似乎看到了躺在病床上被病痛折磨得奄奄一息的儿子，于是，我又有了继续研发的勇气。经过这一整年的研发，第一台儿童空气净化器诞生了，我赶紧搬回家，放在儿子的房间，我想看看效果到底怎么样。没有想到，自从这台空气净化器放在房间之后，儿子咳嗽的毛病没有了，整个人也变得精神了，学习也进步了。本来我最初的目标是很自私的，就是为了我的儿子，可是当我儿子用了我研发的儿童空气净化器之后有如此好的效果，我觉得我不能自私地只研发一台，我应该研发一百台、一千台、一万台……早日拯救那些由于空气污染而受罪的孩子……”

创始人讲得鼻涕一把泪一把，在场的人无不为之感动。很多家长都有孩子，很多孩子都生活在污染的空气中，对身心造成了严重的伤害，可惜都没有一个好的解决办法。当天听了儿童空气净化器创始人一番话，我更能够理解一位当爸爸的人当初的痛心及坚定的决心——似乎眼前浮现出这位父亲面对儿子咳嗽的无能为力，似乎看到了那个摸黑背着儿子在山路上摔跟头的父亲，似乎看到了半夜三更依然在灯下研发的父亲……在场的观众都将这位有情怀、有梦想、敢闯敢干的父亲与自己联系在一起，他们会想，这位父亲为了孩子付出了这么多，我是不是也应该为孩子付出一些什么呢？于是，很多父母纷纷为自己的孩子订购了这款儿童空气净化器。

所以，当人们再次听到这位创始人的姓名就会联想到他所研发的儿童空气净化器，以及儿童空气净化器的品牌，甚至当说到空气污染，说到儿童咳嗽，都会想到这款空气净化器，以及那位了不起的父亲……

这就是通过讲故事所塑造的品牌形象。

“海尔砸冰箱”也是通过具体案例塑造品牌形象的经典故事：

> 1985年，有客户向海尔首席执行官张瑞敏反映冰箱质量有问题，于是张瑞敏便对库房所有的冰箱进行质量检查，发现有76台不合格。他问员工怎么处理，员工的意思很明确，是小毛病，可以作为福利发给员工。但是张瑞敏却提出了不同的意见：将76台冰箱当众全部砸掉。当时一台冰箱的价格是800多元，相当于一名职工两年的收入，员工们都舍不得。张瑞敏很坚决：“如果放行这些产品，就谈不上质量意识！我们不能用任何姑息的做法，来告诉大家可以生产这种带缺陷的冰箱，否则今天是76台，明天就可以是760台、7600台……所以必须实行强制，必须有震撼作用！”最终，76台冰箱全都被砸掉了。

这一大锤子不仅砸出了海尔的质量意识，更砸出了海尔的品牌影响力。每当人们提到冰箱的时候就会想到海尔，海尔质量有保证，因为质量有问题的冰箱都被张瑞敏砸掉了。海尔人在向外讲“海尔砸冰箱”这个故事，家用电器行业向外讲“海尔砸冰箱”这个故事，报纸、广播、电视等也都在向外讲“海尔砸冰箱”这个故事，顿时让本来毫无名气的海尔一夜之间声名大噪，甚至出现了冰箱断货的局面。

由此可见讲好品牌故事的重要性，那么，我们如何从根本上塑造好个人品牌呢？

● 只有亲身体验才能确定一个品牌的价值

当我们判断一个产品是否有品牌价值的时候，最好亲身体验一下该产品，因为只有体验过，才知道它的好与坏，千万不可人云亦云，避免受到他人误导。同样，了解一个人也是如此，只有与对方合作过，对他的人品好与坏才最有发言权。当然，这需要长期的观察和考验，好的个人品牌经得住时间的考验。只有得到认可的个人品牌才能名利双收，才是自身形象的最佳呈现。

● **个人品牌评判的标准以道德品质为底线**

俗语道，品牌即人品，也就是说一个人的人品决定了他的个人品牌。要想树立自己的个人品牌，必须从清除人品上的污点开始，逐渐培养自己的良好道德品质，否则即使个人品牌炒作得很火，也经不住时间考验，很快就会原形毕露。

● **不断学习可以让个人品牌更加强大**

学习不仅可以增加学识，更可以提高思考问题的能力以及积累多元化解决问题的策略。学习需要持续，不断坚持，不可半途而废，只有这样才能不断增强个人的综合素质，并对树立强大的个人品牌有着巨大的作用，才能让我们在激烈的竞争中立于不败之地。

3. 成为某一领域的专家

每个人都想拥有高端人脉，因为他们在工作、学习、生活等方面能够给我们提供很多别人无法提供的方便。但是，如果我们自身没有价值、没有实力，即使再高端的人脉帮助我们也只能是暂时的，因为高端人脉也需要别人的帮助，但我们没有价值、没有实力，高端人脉的付出意味着很可能不会有回报，那么他们也就不会无休止地为我们提供方便。因此，要想长期拥有高端人脉，我们必须首先提高自己的价值，提升自己的实力，让自己成为精英中的精英，这样我们才能够为高端人脉提供他所需要的帮助，我们与高端人脉之间的关系才能更加稳固。所以，如果没有价值与实力，不管我们认识多么高端的人脉都是白搭，但如果我们能够成为某一领域的专家，有自己的价值，那么我们就会放射出自己的光芒。

我在这里强调一点，我们首先必须抛弃一些对于高端人脉认识上的误解：

- **我认识谁，谁就是我的高端人脉**

你认识人家，人家未必认识你，很多情况下人们更愿意帮助自己熟悉的人，帮助能对自己有帮助的人。不认识你，不了解你，就不会知道你的价值，人家又怎么会来随便帮你呢？

- **我认识谁，谁就能够在我困难的时候帮助我**

当你真正能发挥自己的价值时，别人才会很愿意帮你。如果你自身没有一技之长，对别人来说就是只有付出而无回报，他的帮助就很可能是白搭，久而久之，他也不再会愿意帮助你。

因此，我们要消除认识上的误解，想尽一切办法提升自己的个人价值与实力。

向辉性格开朗，能说会道，大家都喜欢与他交朋友，使得他有很好的人缘。但是，当他大学毕业走上工作岗位时，逐渐发现，虽然自己有着良好的人缘，可都是一些与自己水平差不多的人，没有一个混得比自己好的，也就是没有认识高端人脉。

当初刚进入公司的向辉热情地与同事打招呼，别人有什么需要的地方他都主动帮忙。因为业务不熟，他也经常找那些有能力的同事去请教，虽然向辉很真诚、很谦虚，但是对方并不是很热情，甚至懒得理睬他。

向辉有些疑惑不解，同事之间难道不应该像大学同学那样互相帮助吗？他感觉这些同事都在提防着自己，唯恐自己抢去了他们的业绩一般。

直到有一天，当他听到两位同事的私下议论顿时明白了一切。同事说："这个向辉整天假笑，讨好我们，不就是为了从我们这里学到东西吗？可是他刚来什么都不懂，对我们毫无价值，还影响我们的业绩，真是烦死人，以后我们都得躲着他。”

另外一个同事说：“你说得对，这种对我们毫无用处的人，花时间和精力去教他就是浪费我们的生命。倒是小刘我们可以帮帮他，人家再怎么说是王经理的外甥，日后对咱们还是有用处的哦！”

“公司以业绩说话，他向辉没有背景，业绩又不好，如果总经理说一句滚蛋，他难道还赖在公司吗？”

向辉听完顿时觉得社会就是比校园势利，虽然有些生气，但他也知道生气没有任何用处，唯有强大自己，让自己变得有价值，别人才能对自己另眼相看。于是，向辉在接下来的工作中，当遇到困难的时候很少去请教同事，而是花更多的时间和精力自己去解决。另外，他还报名参加了相关的职业技能提升培训班。没想到挺过艰难的两个月之后，他发现曾经的一切困难都不再是困难，他的业绩取得了突飞猛进，签下了好几笔大单子。那些曾经看不起向辉的同事对他也更尊重，就连公司的总经理也经常在会议上表扬向辉。一年之后，向辉被提升为业务经理。

每个人都希望自己能与比自己能力更强的人攀上关系，可是，当我们没有实力和价值的时候，往往就会出现热脸贴冷屁股的局面。唯一让高端人脉对我们另眼相看的办法，就是不断地强大自己。人脉的维护是需要能让彼此增益成长的，只有这样一段关系才能长久。虽然很残酷，但这就是现实。当我们很想接近某个高端人脉时，如果好不容易攀上关系了，但是对方发现我们中看不中用，最终只能是将我们撂在一边。相应地，如果一个人总是说自己很弱势，总想让我们去帮助他，可能前面几次我们会帮忙，但是时间久了我们也就不想帮助了，因为帮助他需要付出很多时间和精力，这些付出对方并没有感恩，反而一再地来请求帮助，打扰别人的生活。对于这样的人，实在没有什么可以继续保持关系的理由。

> 我认识的一个朋友，他在这方面做得就很好。他叫赵文超，原来是学医学的，可是平时爱好写作，毕业之后顺利进入某权威医疗杂志做编辑工作，专业的知识加上深厚的文字功底，使得赵文超在杂志社混得如鱼得水。很多医院的医生，包括医院的院长要发表论文都会找他，这让他结识了很多著名的医生。在他能力范围内他能够帮上忙的就不推辞，甚至他平时也会为一些医生介绍病人。这些医生都对赵文超很信赖，将身边需要发论文的朋友都介绍给赵文超，甚至赵文超也建了自己的医生资源圈子，让全国各地的医生在一起交流，这不仅让赵文超在这个圈子的名声越来越大，也让医生的视野更开阔。三年之后，赵文超辞职之后，成立了自己的医疗机构，一些医生纷纷加入，短期内在全国成立了几十家由全国顶级医生组成的专业团队，以最低的成本为全国的患者解除了病痛。

医生贡献自己的价值，赵文超贡献自己的价值，彼此都有价值且目标一致，很容易形成联盟体系。强大的人脉与强大的实力有着密切的关系，或者说二者相辅相成，缺一不可。虽然在现实生活中我们常听到有人抱怨自己被别人利用了，其实换个角度去想，被别人利用恰好证明自己有价值，一个人如果没有任何可以被利用的价值，其实也挺悲催。所以我们要做的就是强大自己，当我们拥有很多东西的时候，别人从我们这占一点便宜，那对我们来说只是“九牛一毛”，无关痛痒；当我们身上仅仅有一根“毛”，别人如果拔掉，那我们就很可能失去了一切。所以，只有当我们自己拥有了足够强大的实力，我们才会拥有更多的资源，然后会越来越多，越来越多……

因此，我们要成为这样有价值、有实力的专家，当别人需要的时候第一个想到的是我们。我们不一定要对每一个行业都懂，但至少在某一个领域我们要成为专家；虽然其他行业我们不懂，但是要有很铁的人脉资源。此外，我们还需要有分享精神。如果我们有很多资源，但是不懂分享，这些资源就不会活起来，这好似人民币一般，只有不断流通才能发挥它本身的价值，一直不用不流通，那它就是废纸一张。因此，我们要不断提升自己的能力，不断学习和成长，从而提升自己的价值。

4. 拥有独特的人脉网

玛利亚是在贫民窟长大的，由于家里经济困难，她小学还没有毕业，就不得不辍学，外出打工养活体弱多病的父母以及五个弟弟妹妹。虽然她年龄很小，但什么苦活累活她都干过。给有钱人家当过杂工，卖过报纸，甚至在黑心老板的作坊里连续24小时地工作过，还掏过厕所，但她相信总有一天自己会过上好日子。

在玛利亚12岁的时候，她无意间读到了一本叫作《全美名人成长录》的书，之后突发奇想，如果能够与这些名人交上朋友，就可以依靠他们的帮助改变自己的命运。玛利亚说干就干，她给这些名人写去了信，虽然回复的很少，但是玛利亚依然不放弃，为了提高回信率，她在这些信件中向这些名人提一些让其感兴趣的问题，结果回信的名人越来越多。

另外，她到处打听这些名人所到达的城市，并想方设法与这些仰慕已久的名人见上一面，她不会做过多的交流，只是两三句的交流而已，玛利亚不想打扰他们，虽然话语简短，但她以得体的语言给这些名人留下了深刻的印象。

后来，她经营自己的小生意，因为她认识很多名人，这让她的小生意很快变成了大生意，后来她变得越来越富有，最终成为美国女性企业家的杰出代表。

可见，借助高端人脉的影响力可以让我们成长得更快、更一帆风顺。如果玛利亚不是借助当时结交的名人，她所经营的生意就不可能越做越大，正是她坚定执着的坚持，让自己积累的高端人脉在需要的时候能够为她带来比当初付出大几倍甚至几十倍的回馈。虽然高端人脉不一定会亲自出手帮忙，但是依靠他们的影响力是完全可以达到的。

但是，很多人在建立自己的高端人脉网时存在着这样的误区：

● 不积极主动建立自己的人脉

如果你希望与某个高端人脉结识，就不能仅仅停留于想法上，更不能寄希望于让高端人脉主动来与自己打招呼。在你默默无闻、没人认识你的时候，积极主动才是认识高端人脉的最好方法。

● 过分相信一切随缘

很多人一次次错过与高端人脉认识的机会，不是因为他不想认识，而是过分相信缘分，总觉得缘分到了自然会认识，让自己失去了主动性。其实，缘分就在我们眼前，抓住了就是好缘分。

高端人脉可以改变我们的命运，但是如果我们不会经营高端人脉，那么即使认识再多的高端人脉也没有用。只有会经营，才能让我们的高端人脉网更大、更牢固，当我们需要的时候，他们才能够提供必要的帮助。

多年前，当我还在从事业务工作时，我通过自己的努力，认识了很多客户，全国各地的都有，因此，我到每个地方都有能联系上的人，说白了就是到每座城市都有可以蹭饭的地方。后来，随着业务拓展，认识的人越来越多。当再次到一座城市的时候，我突然不知道该联系谁好，不知道哪个人对我印象不错，更分不清楚哪些人对我印象不好，甚至可能重复约见有些厌烦了我的人。人脉网搞乱了，工作也就搞乱了。后来我痛定思痛，决定建立自己的人脉网日志。

方法其实很简单，我在一张中国地图上，将哪座城市认识哪些朋友做了标记，而且在旁边特别做了文字说明，这个朋友叫什么、性别、年龄，并且还做了一个附录，将这些朋友做什么工作、有什么兴趣爱好、联系方式、我们之间发生的最开心的事情、发生的郁闷的事情、我对他的感觉如何……每隔一段时间对这张人脉网地图整理一次，每到一座城市只要看一下地图就知道自己应该见哪一位朋友。自从有了这张人脉网，我的人际关系再也不会变得复杂，而是更简单明了，用起来也得心应手，也让我的业绩呈现逐步上升的趋势。

所以，只有充分合理地利用和管理我们的人脉资源，善于对自己的人脉资源进行有效整合，才能更快地进入工作状态，并且能提高工作效率，缩短自己与成功的距离。

记得当年我大学即将毕业，同学们都陆续开始找工作。我相中了本市的一家著名企业，可是我也听说如果没有背景似乎难以进入这家公司，这让我十分苦恼。无意间我将这个想法告诉了我的同桌，他就是本市人，没有想到他说："我爸就是这家公司的中层领导！"虽然我很想直接说让他的爸爸帮我一把，可是我知道如果我与我同

> 桌的爸爸之间没有建立一定的信赖关系，仅靠我的同桌未必能够说服他的爸爸。于是，我便以找我同桌的名义多次拜访他家，每次去的时候都不忘带着水果，说白了其他的礼品我也买不起。拜访的次数多了，我与同桌的爸爸渐渐熟悉起来，有一次他问我打算找什么样的工作，我认为机会成熟了，赶紧将我的想法告诉了他。还没有等他回复我，我的同桌在一旁帮腔道："爸，他可是我最好的朋友，你必须帮他这个忙，你如果这次帮了他，以后什么我都听你的！"有了前面的铺垫，再加上同桌的"推波助澜"，后来我顺利进入了这家梦寐以求的企业。

其实只要你足够用心、够细心、认真大胆，贵人就在我们身边。人脉和资金的存储一样，都是一笔珍贵的财富，可以留存为将来做储备。如果没有前期的准备而是等需要的时候再找关系，临时抱佛脚，那就迟了。因为我们的高端人脉资源不会凭空而降，闲处收拾忙时用，只有提早建立自己的高端人脉网，当我们需要的时候才能应对轻松自如、高效快捷。

5. 诚信做人，直面最真实的自己

诚信是一个人在社会上立足的基本条件。讲诚信的人，处处受欢迎，会拥有越来越多的人脉；而不讲诚信的人，没有人愿意与之打交道，自己的人脉网也会因为人缘越来越差而分崩离析，所以我们都需要讲诚信。诚信不仅是为人之道，更是立身处世之本。

在现实社会里，我们做人做事往往缺的是人心，缺的是诚信。很多人总是要求别人讲诚信，自己却毫无诚信，出尔反尔。人一旦丢掉了诚信，人性就显得可恶、可怕、可耻，变得没有人性，会让自己与周围的人渐行渐远。

但如果一个人讲诚信，哪怕一时身份低微，也会因此而变得光芒四射。

有一位富人深夜走在回家的路上，却被一个蓬头垢面、乞丐模样的男孩儿拦住了："先生，请您买我一包火柴吧！"

富人坚决道："我不买。"说完，绕开小男孩继续往前走。

男孩儿追上富人说："先生，请您买一包吧，我今天还什么东西也没有吃呢！"

富人继续推辞道："我没有零钱，我不买！"

男孩儿说："先生，您先拿上火柴，我去找商店给您换零钱！"

男孩儿拿过富人的钱去找商店，富人等了好久，小孩子再也没有回来，富人觉得自己上当了便回家了。

第二天一早，富人去自己的办公室工作，一个小男孩敲开了办公室的门，这个小男孩比昨晚卖火柴的男孩儿矮小一些，穿得更破烂一些。小男孩说："先生，对不起，我哥哥让我把找您的零钱给您送过来！"

富人问："哦！那你哥哥为啥不来呢？"

小男孩眼泪巴巴地说："我的哥哥在换完零钱回来找您的路上被马车撞成重伤了，在家躺着呢！"

富人被男孩儿的诚信所感动，决定前去他家里探望受伤的男孩儿。富人看到的是一个一贫如洗的家，受重伤的男孩儿躺在破败不堪的床上奄奄一息。男孩儿对着这位富人尽最大的力气很抱歉地说："先生，很对不起，我没有按时给您把零钱送回去，失信了。"

富人被男孩儿的诚信深深打动了，当他了解到两个男孩儿父母双亡时，毅然决定把他们生活所需要的一切都承担起来。

诚信与贫富无关，而与是否有一颗真诚对待他人的心有关。很多时候当我们面对社会的诱惑，很有可能会选择放弃诚信、背叛良知、人云亦云，最终迷失了自己，走上错误的道路。很多时候，道德是我们衡量一个人好与坏的标准，而诚信就属于道德的范畴。当失去诚信，就意味着道德沦丧，这种人不可救药。就像人们常说的那句话，做一次贼终生为贼，虽然很多人最终能够改邪归正，但这个污点也是会伴随他们一生的。就像一张平整的白纸，一旦搓揉之后，再次打开已经皱皱巴巴，无论怎么打理，也难以恢复到最初的那种平整。诚信也是如此。因此，我们要特别珍惜、小心呵护，让诚信陪伴我们走过一生。很多人能够取得巨大的成绩，能够拥有强大的影响力和知名度，无不与他们的诚信品质有关。

李嘉诚创业之初的第一桶金正是依靠自己的诚信换来的。有一天，一位外商想从李嘉诚这里订购大批的货物，但又担心李嘉诚的供货能力，于是，提出让李嘉诚寻找有实力的厂商或者个人为自己做担保。由于李嘉诚当时刚创业不久，没有经济实力，也没有显赫的背景，他奔波了好几天也没有找到一家企业或一个人愿意为其做担保。

于是，李嘉诚只好将自己生产的样品拿给外商看，并老老实实地说："承蒙您对公司样品的肯定，我和我的设计师花费的精力和时间总算没有白费。我想您一定知道我们内心的想法，我是非常非常希望能够与您做生意的。可是我又不得不坦诚地告诉您，我实在找不到具有雄厚实力的企业或者个人为我们做担保，我已经很尽力了，但是很抱歉！"

外商被李嘉诚的真诚所感动，便说："从您的言谈举止上来看，我非常相信您是一位君子。老实说，我这次来香港就是想寻找一位像您这样诚实可靠的长期合作伙伴。阁下不是担心担保人的问题吗？

不用找了，阁下自己的真诚和信用就是最好的担保人。”

对方将话说到这里，一般人都会感觉到知足了，接下来就是签合约的事宜了。但是，李嘉诚又说：“承蒙先生的信任，我不胜荣幸。但是，我还是不能和您签合同，因为我的力量真的非常有限。”

李嘉诚的这番话彻底征服了外商，他认为李嘉诚是商界难得的人才，非常值得信赖，要想长期合作非他莫属，便说：“您真的是一位令人尊敬的可信赖的人，我可以预付货款为您扩大生产提供资金。”

就这样，在外商的鼎力相助之下，李嘉诚完成了生产规模的扩大，很快他的塑胶花就牢牢占领了欧洲市场，营业额及利润成倍增长，李嘉诚不仅淘到了创业以来的第一桶金，而且赢得了“塑胶花大王”的美誉。

我们今天回头再看李嘉诚的成功，也许会分析出很多种原因，比如智慧、魄力、胆识等，但我们又不得不承认，李嘉诚的个人魅力和以诚经商的原则是他赢得别人帮助、成为受人信赖和推崇的成功商人的重要因素。李嘉诚有句名言：“我绝不同意为了成功而不择手段，如果这样，即使侥幸略有所得，也必不能长久。”如果今天的商人能够以这句话作为自己的座右铭，那么，我们的产品质量就会不断地提高，服务意识也会不断增强，与客户的纠纷就会直线下降。

人无信不立，业无信必衰，国无信则危。诚信不仅会树立一个人、一个企业的良好形象，还会让其获得一种无形的资本，这个资本就是人脉。有了强大的人脉，才能在做任何事情的时候左右逢源、步步高升。

6. 价值观的吸引法则

每个人都希望拥有自己的高端人脉网，但是不妨先问一问自己：让高端人脉认识自己的原因是什么呢？我自身有什么价值呢？

在现实生活中，很多人为了能够拥有更多的高端人脉而处处交朋友，可是从来没有从自身的方面来考虑问题。如果与我们自身价值差距过大，如果我们自身没有价值，那么即便我们与马云认识又能怎么样？我们还是扶不起的阿斗。即使我们认识了李嘉诚，他也跟我们没有什么可聊的。

提升自我价值，寻找与自己价值观匹配的人，并且与其成为朋友，只有这样才能够在日后的工作、学习、生活中得到对方的帮助，而且是心甘情愿的。

所以，建立人脉网最核心的一点就是：双向传达自己的价值观，彼此认同，才能惺惺相惜，才能赢得信任。

但是，现实中我们往往花了很多时间和精力，最终发现其实都是无用功。究其原因，主要有以下几点：

● 认为认识的人多就是资源多

人脉在于精，而非在于多，用心最关键。否则，花了那么多的时间，认识了那么多的人，结果却发现一个彼此交心的都没有，这不是做了无用功吗？与其这样还不如将这些时间用在好好对待身边的人脉资源上，有时候我们觉得人脉在远方，其实人脉就在眼前，我们不要舍近求远。

● 花很多时间和精力参加无用的社交

现实中很多人为了建立自己的人脉，参加各种活动、各种会议，名片成千上万地发，可是最终并没有收获多少志同道合的人脉，反而浪费了更多的时间和精力，将自己累得快要趴下了却没有一点收获，得不偿失。与其如此，不如有针对性地参加活动，参加靠谱的人脉介绍的活动，这样认识的人脉资源质量一般来说更高，而且效率更高。

● 认识的人脉志不同道不合

人是认识了一大帮，可是并没有深入了解，自然不可能坦诚相待，等到了真正需要的时候就会掉链子，所以，人脉需要筛选，那些志同道合的人脉才是真正的人脉。

一个人要想获得持久强大的人脉，就必须去寻找与自己志同道合的人，只有与志同道合的人相处，才能达到心有灵犀一点通的效果，才能在最短的时间拉近心理距离，才能提高办事效率。这样不仅让自己心情愉悦，也会让对方感到开心无比，可以一起体验人生的快乐、分享成功的喜悦。

“股神”巴菲特的成功背后，也离不开他那志同道合的合伙人——查理·芒格。对于巴菲特而言，芒格最大的价值就是开拓了巴菲特的视野，将巴菲特从格雷厄姆那样只知道购买便宜货的局限观点中解救了出来。因此，巴菲特很自豪地说：“是芒格拓宽了我的视野……伯克希尔公司有了芒格的指导，才得以成为更有价值而备受推崇的公司。”

虽然躲在幕后的芒格知名度不高，但知道内情的人都知道，芒格是非常聪明的人，有“幕后智囊”和“最后的秘密武器”之称。他与巴菲特一样，都是拥有非凡智慧的人。两人能够走到一起，不仅因为两个人都很聪明，更为关键的是二人志同道合，正因为如此，他们两个人才能成为最优秀的合作伙伴。

巴菲特与芒格还有一个很明显的共同爱好，那就是大量地阅读。芒格说，如果硬要说他们的成功有什么独门绝招，那唯有阅读大量的信息。他们都喜欢从各大商业杂志上学习商业信息和商业经验，这是一个非常好的学习方法，比在其他任何地方所学到的东西都要有用。知识是判断的依据，是芒格的丰富知识为巴菲特的判断提供了依据，还是巴菲特的需要催进了芒格对更多知识的搜寻？也许无法分清，但对知识共同的需求维护了二人合作的基础。

> 他们二人还有一个相似之处，那就是都有着坚定的意志力和敏锐的洞察力。巴菲特认为良好的心理素质是投资活动必不可少的条件，对合作伙伴的要求也是如此：他不能将自己带入消极的歧路，更不能用不良的情绪影响自己的正常判断。所以，就心理承受能力而言，芒格与巴菲特也许就是命中注定的合作伙伴。

俗话说，世界上没有完全相同的两片树叶，更别说两个人的想法完全一致了，每个人都有自己的想法，但是在大是大非面前能够想到一起，只有志同道合的人才可以做到。道不同不相为谋。很多时候我们的想法能够得到贵人的认可，就是我们的想法与贵人的想法是一致的，所以他们才会为我们提供物质或者精神上的帮助，成为我们身边实实在在的贵人。

志同道合的高端人脉可遇不可求，一旦有幸遇到，就会为我们的人生带来巨大的变化。因为志同道合的人的出现，让我们多了一股力量，让我们能够克服自己曾经无法克服的困难，让我们更加自信，让我们的生活变得更加精彩。遇到志同道合的人的感觉好似遇到恋人一般，有一种从未有过的激动，相见恨晚的感觉。这种感觉只有志同道合者彼此才能够感受到。因为志同道合，即使陌生人也可以变成亲密无间的挚友；因为志同道合，即使是敌人也可以化敌为友。

一生中，我们会遇到各种各样的朋友。在众多的朋友之中，总有一些人能够与我们达到心有灵犀一点通的境界，甚至彼此沉默也能够知道对方的心理状态；总会遇到一些人，他们能够包容我们身上的那些别人所不能包容的缺点，即使你犯了错，他们也能够帮助你改正，而且依然将你视为最珍贵的朋友；还会遇到一些朋友，在你遇到困难的时候，他们会倾其所有为你两肋插刀……一旦遇到这样的朋友，我们就应该倍加珍惜，他们因为与你有着共同的价值观而惺惺相惜，拥有这样的朋友你将受益一生。

第三章

懂得奉献 成为高端人脉不可或缺的人

热情付出一分，必有十分回报
分享自己的人脉情报网
做一个慷慨大方的人
人们更愿意帮助曾经帮助过自己的人
帮助对方实现心灵的渴望
真正的成功是带动身边人一起成功

1. 热情付出一分，必有十分回报

只要付出就有回报，这句话说得没错，但是还有一句话叫：付出了没有回报也无怨无悔。但在大多数情况下，只有当一个人付出得很少，或者压根没有付出，或者不在乎的时候，才会对结果不上心。如果真心付出了，没有人不想看到一个美好的结果。

同样的道理，当你的高端人脉付出热情来帮助你，你一副理所当然的样子，甚至连一句感谢的话语都没有的时候，我相信他不会帮助你第二次；相反，当高端人脉帮助了你，你不仅很谦虚，而且对对方的热情表达了感激，并且以其他的方式来回馈对方的帮助，我相信高端人脉会很乐意去帮助你，也会不断地去帮助你、成就你——谁都愿意与懂得感恩的人交往。

不得不说，在现实中，我们与高端人脉交往的时候至少存在以下两种弊病：

- **不愿意付出却还想让高端人脉一直帮助自己**

交往是双向的，不能只靠一个人的付出和努力。如果一方不断付出，而另一方却不懂得回馈，那么，不断付出的那一方会感到寒心，甚至觉得自己的良心喂了狗。再宽宏大量、再无私的人，也会掂量着是否要继续给予帮助。

- **临时抱佛脚难以有好人脉**

很多人的确拥有很多高端人脉，可是平时不互动、不联系，当自己需要帮忙的时候才想起人家，才开始联系对方，而且还很不客气，意思是我们认识就算是熟人了，你帮我是理所当然的。平时不多联系，即使你认识他，他也未必认识你，凭什么要帮助一个陌生人呢？所以，懂得与高端人脉互动很重要，不要成为高端人脉眼中的陌生人。

懂得分享，懂得付出，让自己变得有价值，才能赢得高端人脉的帮助。虽然有时候有的付出未必马上能够看到效果、得到别人的回馈，但是我们今天的付出，明天也许就会有收获，后天也许就会有收获。俗语道：三十年河东三十年河西。如果我们在与高端人脉交往的过程中只看到眼前的收获，那么必定是小收获，大的收获往往都属于那些懂得放长线钓大鱼的人。另外，我们在帮助高端人脉的时候一定要将心态摆正，以平和的心态、不求回报的心态去面对，如果太过功利，只会让高端人脉远离你。因为人一旦急功近利，就容易心态扭曲，就会让自己的生活乱糟糟，也许还没有等到高端人脉伸手帮助我们，我们已经将自己“报废”了。

我们要调整心态，乐于分享，关爱他人，帮助别人。在这个过程中我们有可能会遇到自己的贵人，如果遇到贵人了，要有一个好的心态，不要要求每个贵人都必须帮助你，因为也许他没有帮助你，但是别人却帮助你了，那么只要得到了帮助，就要报以感恩的心态。要相信，付出是有回报的，很多时候在于早晚的问题。

2. 分享自己的人脉情报网

每个人都不可能是全能冠军。我们在一些地方拥有别人所不具有的优势，别人也会在其他地方拥有我们所不具备的优势。所以，每个人都有自己的长处和短处。在遇到困难的时候，我们的短处会随之暴露出来，此时如果依靠自己的能力无法解决时，就有必要借助别人的优势来帮助我们克服眼前的困难，这样能够省时省力。相反，当别人遇到困难时，我们也许正好可以发挥自己的优势，慷慨解囊去帮助别人。如果仅仅依靠自己的能力还没有完全解决的把握，那么不妨启用身边的人脉情报网。同时，利用自己的人脉情报网去帮助别人，这样不仅帮助对方解决了困难，也使得自己与人脉进行了一次有效互动，更让他很好地体现了自己的价值。当我们帮助了别人，别人也会时刻记着我们的好，也会愿意与我们共享资源，这样一来，当我们再次遇到困难的时候就能感受到背后有一股力量在支撑，我们之间会有更多的互动，并一起将这种关爱精神不断地传递下去。

谢刚之前一直做装修生意，当他手头有一笔不小的积蓄时，他决定转行去做钢铁生意。他从事装修这些年认识了不少做钢铁生意的人，他们都赚得钵满盆满，谢刚认为这是个赚钱的行业。可是，当他转到这个行业之后，才发现参与其中与自己作为局外人完全是两码事。幸好由于他从事装修行业时积累了一些从事钢铁生意的人脉，可以低价将钢铁批发给他，而且账期比较长。这让他稍微有一个缓冲的过程。

正当谢刚放开手脚大干的时候，出现了一个新的问题，那就是钢材存放需要大片的空地，在寸土寸金的地方，找这么一块地皮也不是一件容易的事情。这天，谢刚的电话响了，他接通之后发现是多年前自己帮助装修过的一个户主。这个户主特别懂得感恩，总是有事没事给谢刚打电话，或者亲自登门拜访。

谢刚就将自己急需地皮的事情对这位户主说了，户主很慷慨地说："虽然我没有做地产，但我有做地产的朋友，我帮你问问看有没有合适的土地。"没有想到不到十分钟，这位户主打来了电话，告诉谢刚，他认识的一位朋友有空地，本来打算开发房地产，但由于房地产市场不景气，打算对外出租，可是没有人接手，所以这片土地一直闲置着，如果觉得可以可先到实地去看看。

第三天，谢刚与他曾经的户主，还有这片土地的主人见了面，实地考察了这片土地。虽然位于郊区，但是土地面积大，而且租金也只是象征性收取了一点。就这样，谢刚轻而易举租到了还算满意的土地。后来，这片土地的主人又给谢刚介绍了一位朋友，让谢刚节约了不少。当合约签订之后，土地的主人便感叹道：“听说每年钢材暴露在外面，生锈、腐蚀等问题让钢材损失不少啊！”谢刚说：“是啊！这也是我们钢材行业头痛的问题。”土地主人说：“我突然想到一个人，他专门研究这个东西，不知对你有没有用。”于是，土地主人将自己认识的这位朋友约过来，谢刚与其相谈甚欢。这位朋友主要是研究如何让暴露在外的钢材不生锈、不腐蚀等问题的。由于都是朋友介绍的，彼此有信任感，所以他们很快达成了合作。谢刚估算，仅仅这位朋友的技术每年就可以为自己节省数百万元的费用，节省的就是赚取的。

谢刚之所以能够成功就是因为他曾经帮助了别人，别人后来给予了他千倍万倍的回报。他在装修的时候不仅给别人装修得漂亮，而且质量好，赢得了好人缘。所以，在他创业的时候，他认识的钢材生产厂商可以以低价钱、回款周期长等方式支持他。当他需要土地的时候，他曾经帮助过的户主虽然手中没有土地资源，但户主认识手中拥有土地的朋友，于是户主发动自己的朋友，最后不仅帮助了谢刚，更是帮助了自己的朋友。土地主人也不忘推荐自己搞研究的朋友，这样既是出于对谢刚的信任与支持，同时也是对搞研究的朋友的一种支持。每个人身边都有很牛的人，每个人都有需要别人帮忙的时候，当别人遇到困难的时候，你如果仔细研究自己的人脉情报网，去帮助那些需要的人，那么下次当你需要帮忙的时候，别人也会想尽一切办法帮助你。

记得当年上大学的时候，班级里有一位男生，特别爱帮助别人，我们都叫他“积极分子”。他什么忙都帮，无论男生女生，甚至连替女生买卫生巾的事情都干。因此，每到冬季的时候，围在他脖子上的围脖每天不重样，毛手套更是一天一换，据说都是女生给织的，让我们好生羡慕。他不仅帮助本班的同学，外班的事情他也帮忙。有一次，全学校要进行教室布置评选活动，前三名班级还有奖励。外语学院的学生们急得如热锅上的蚂蚁，让他们说英语还行，让他们布置教室似乎难上天。后来，有人知道“积极分子”人缘好便来求助。“积极分子”一个电话叫来了艺术学院的几个朋友，用了半天的时间将教室布置完毕。结果，外语学院的几个班级名列前三名。这事让我们班主任知道了，很生气并且下达命令，以后这些争荣誉的事情只能为本班级干，不许为别的班级干。虽然班主任有限制，但是“积极分子”的名气在本学校无人不知无人不晓，甚至一直向外延伸。比如，到了学校大扫除，需要梯子之类东西时，他总能够在最短的时间搞到手。有一次，我们班集体外出游玩，大家约定考验一下自己的耐力，一路步行，不允许借助其他交通工具。没有想到爬完山在回来的路上，大家已经累得精疲力竭，可是依然坚持往回步行。后来，走了一段距离之后发现到了荒郊野外，原来大家迷路了。大家顿时都失去了信心，再也没有力气走路了。可是我们都只准备了当天返回的口粮和衣服。现在，大家都没有力气了，眼看着只能在外过夜了。这时，没想到“积极分子”打了几个电话，一小时后就来了两辆大面包车将我们接回了学校，这让我们对“积极分子”更信赖了。后来，我们毕业了，当我们还忙着抱着简历拥挤在人才市场的时候，“积极分子”早已经找好了工作，而且待遇各方面都不错，我们除了羡慕，还是羡慕。

今天回头再看“积极分子”当年的助人为乐，正是对自我价值的输出。在校园里人脉资源有限，更多的时候需要自己开发，并且用自己的人脉网去帮助那些需要帮助的人，满足了他人的需求正是自己价值的体现。“积极分子”付出了自己的价值，同样也得到了别人的回馈，这些回馈不仅仅体现在他本人身上，全班级同学都深有体会。“积极分子”第一个顺利找到高薪工作也与他平时积累的人脉有很大的关系。这些人脉都是需要他平时付出时间心血去维系的，并非坐享其成。

3. 做一个慷慨大方的人

俗话说：种瓜得瓜，种豆得豆。你希望收获什么就去播种什么。当我们需要别人帮助的时候，不能等到这时候才想起来求助于高端人脉，我们应当在平时就要重视与别人的关系，懂得付出，这样高端人脉才愿意伸手帮助我们。我们帮助高端人脉的过程，也是高端人脉了解我们、认可我们的过程，只有这样，他们才会愿意伸手帮助我们。

尤其在竞争激烈的今天，单枪匹马难以成就大事，这就更需要我们多付出一些，多给别人一些宽容和关心，只有这样才能赢得人脉，让我们的路越走越宽。

可是在现实中，有这样三种人，必定难以获得高端人脉的帮助：

● 铁公鸡一毛不拔

这种人不愿意付出，总是幻想着有贵人帮助。即使你是千里马也要学会尥蹶子，尥蹶子不是调皮捣蛋，而是引起伯乐关注的一种方式。真诚付出就是一种很好的尥蹶子的办法，这样才能有高端人脉关注你、了解你的价值。

● 舍不得给他人甜头

这种人很自私，只想着自己的利益，从来不知道为他人着想。为什么有的人总喜欢去固定的服务员那里购买产品？因为这个服务员给他甜头了。每个人或多或少都有占便宜的心态，高端人脉也不例外，所以，懂得花点心思给别人好处，他就会注意到你，对你留下好的印象。

● 不懂得宽容别人

这种人也很自私，一旦他帮助了别人，就急切地想得到别人的帮助。当别人没有帮助他的时候，他就立刻将对方视为仇人，甚至耿耿于怀，结果让自己的生活越来越糟糕。我们与其这样，不如以宽容的心态对待对方，宽容他人就是解放自己。我们在帮助别人的时候不能非得要别人回报你不可，另外，别人并不是不回报你，也许只是回报你的时机未到而已。

一个慷慨大方、善于给人恩惠的人，得到人脉回报的概率是很大的。当你懂得分享资源的时候，别人也会以同样的方式来与你分享。当你付出得越多，收获得也越多。如果不懂得给予别人，别人怎么可能给予我们呢？

有位刚毕业的大学生来到北京，他与其他人的想法不同，其他人也许想先为别人打几年工，等有点积蓄了再创业。他的想法就是来北京创业，他觉得毕业这几年正是激情满满的时候，正好适合创业，因为创业需要激情，如果按部就班来上班只能将激情磨灭掉。他想开一家小小的饭店，可是由于刚毕业没有任何的经验，于是去请教已经在北京创业成功的老乡，希望能够得到点方法和灵感。

他的老乡对他说："你看重的地段的确是人流密集区，几乎24小时都有生意可以做，但是这条街上的饭店多达五六十家，如果你仅仅想租一家店面开个小饭店经营下去维持生计绝对没有问题，但是如果你想赚钱，而且赚很多的钱，那么你就得学会付出，为这条街道做点什么。"

他听完老乡的话有些蒙了，不明白这位成功人士所想要表达的意思，便问：“那我该为这条街道做点什么呢？”

他的老乡说：“其实，你需要做的东西很多，比如你可以帮助这条街道的居民清理垃圾，在别人需要的时候你尽一切努力去帮忙，当然这一切都是免费的、不求回报的，你能够做到吗？”

他疑惑了：“可……可……这与我开店有什么关系吗？”

老乡说：“当你对这条街道还不熟悉的时候，尤其你只看到了外表，而不真正了解这条街道的时候就更应该这么做。你这样做了能够让街道上的人了解你，这也是你了解街道的过程。当你了解了这条街道，了解了每家饭店的口味和风格，你就知道该怎么经营自己的饭店了。否则，你就不能将你的饭店经营透彻，你就不可能赚钱！”

虽然他还不完全了解老乡的意思，但是毕竟老乡已经是一位成功的企业家，他相信他的话还是有道理的。于是，他每天早早起床打扫这条街道的垃圾，观察哪家店开门最早。每天去不同的饭店吃饭，仔细观察品味他们的饭菜口味、装修风格，分析食客的饮食群体及爱好。帮助任何需要帮助的人，帮助别人搬货物、帮助别人择菜这样的活儿他都干。在他打扫卫生的过程中，甚至有清洁工曾经担忧道：“有了你我担心我失业啊！”没有多久他就成了这条街道上的名人。

这个时候他的老乡找他，问他最近对这条街道了解得怎么样。他说他将这条街上的主力人群进行了分析，并且将每家店的老板、老板娘进行了分析，也分析了每家店有哪些看家菜、哪些人喜欢吃、哪些人不喜欢吃……

老乡听完分析之后说：“你可以开店了！”

他的饭店终于开张了，店面虽然不大，但是装修风格很独特，很适合上班族来消费。听说街道“名人”的饭店开张，附近的街坊邻居也来捧场，其他饭店的人也来祝贺，就连清洁工也来了，她说：“你当老板了我就放心了！祝贺祝贺！”

他的生意越来越火，一年之后在街道的东头又开了一家分店。如今他已经成为餐饮行业一颗耀眼的明星，在北京这座城市里已经成家立业。

任何时候做一个慷慨的人都没有错，这样即使你会付出很多，会很辛苦，但是你的付出是会有回报的。别人接受了你的恩惠，内心不仅有感激，更有知恩图报的潜意识，当有一天你需要帮助的时候，别人会千倍万倍地回报你。但是，如果不懂得付出，不伸手帮助别人，就失去了让别人知道我们、了解我们的机会，这样的话我们怎么可能获得好人缘、好人脉呢？其实我们需要的高端人脉就隐藏在我们身边，只有通过我们发自内心地付出，才能激活我们的高端人脉。

在现实生活中，我们总是抱怨没有人关心自己，没有高端人脉帮助自己，其实这些都是由于我们不懂付出、不懂给他人恩惠的后果。如果我们不去关心别人，别人怎么可能关心我们呢？我们不懂得为高端人脉做点什么，怎么证明自己是有价值的呢？你想要别人怎么对待你，你就得先这样对待别人。心甘情愿地付出，做一个慷慨大方的人，给他人更多的恩惠与温暖，只有这样我们才能成为高端人脉不可或缺的人才。

4. 人们更愿意帮助曾经帮助过自己的人

在世界地图上我们可以清晰地看到以色列境内有两片海，这两片海相距不远，而且它们共用一个源头——约旦河。虽然同根，但是两片海却有着本质上的不同，一片海，死气沉沉，水中无鱼，周围寸草不生，这就是死海；另外一片海，生机盎然，水中有各种漂亮的鱼儿，周围环境优美，成为度假胜地，这就是加利利海。

到底是什么导致它们有如此大的差别呢？原来，死海地势比较低，水只能流入，而不能流出，再加上太阳光照强烈，水分蒸发得比较多，因此变成了咸水湖；而加利利海地势比较高，水流能够进入，也能够流出，所以湖水咸度比较低，适合各类鱼生活，岸边的土壤也适合各种花草生长，因此，显得生机勃勃。

同样的道理，一个人如果不懂奉献自己的价值，只会吸纳他人的价值，最终只能变成“死海”，只有懂得在吸纳他人的价值的同时，奉献或释放自己的价值给他人，才有可能让别人活得精彩，同时自己也活得精彩。

在这个世界上，你贡献得越多，你的价值就越大，你得到的东西也就越多，而且在你贡献自己的价值的时候，会将更多志同道合的人吸引到你的身边。

但是，我们又不得不说一个现实的问题：很多人更愿意帮助曾经帮助过自己的人。为什么呢?

● 熟人帮助熟人

曾经帮助过自己的人一般都是熟人，因为是熟人，所以彼此都了解，帮助了熟人会让关系更加熟，更重要的是帮助熟人没有风险。

● 帮助熟人，熟人可以回馈我们

熟人一般都是身边的人，帮助了熟人，当自己有困难的时候熟人也会帮助我们。但陌生人有可能只是身边的匆匆过客，自己的付出可能得不到任何回报。

真心换真心，真情换真情。我们帮助身边的人时一定要热情、真诚，因为我们怎么对待别人，别人就会怎么对待我们。当我们对着别人微笑，别人回应我们的就是微笑；当我们哭丧着脸，别人可能连正眼看我们一眼都不想看。

那些真正的人脉高手，时刻充满着激情，充满着正能量，他要给身边的人营造一种氛围，也就是向人们暗示：帮助了我是最正确的选择，我有能力成为最优秀的人，不会让你失望的。相信每一个高端人脉都希望自己帮助过的人都很优秀，当一个人充满激情、充满正能量，就没有他干不成的事情。另外，随时随地帮助别人，不断释放自己的正能量，就会使得自己像磁铁一般吸引更多的人脉资源向自己靠拢。

某天，我与从美国飞回来的前同事王一楠好好地聚了聚，我们已经有五年没有见面了。五年前我们在同一家公司做翻译，我们是很好的同事兼朋友。可是，后来有一天，他突然提出辞职，然后听说他出国了。每次我在电话中询问他为何辞职得如此突然，他总是说等回国的时候再告诉我，没有想到这一等就是五年。

酒过三巡，我和王一楠都喝高了。我又问起了他曾经答应要告诉我的秘密。王一楠猛喝一杯将这个秘密告诉了我。

原来，五年前的一天下午，因为有球赛，老板是个球迷，因此给大家放了半天假，让大家回家看球赛。王一楠将手头的工作忙完已经是上午 11 点多了，正收拾准备回家，门口慌慌张张进来一位先生，他有些着急地问：“这里可以做翻译吗？”

王一楠说：“可以，不过得等到明天！我们下午放假，其他同事都已经下班了，我也马上关门回家！”

这位先生很着急地说：“我这个合同急用，必须翻译过来，特别着急，希望你能够帮帮我！”

王一楠虽然很想看球赛，但是看到这位先生很着急的样子便答应了，反正球赛还会重播的，明天看也不迟。于是，王一楠接过合同一字一句地翻译起来。

三小时过去了，王一楠翻译完毕，并且打印了一份。正当这位先生准备装订起来的时候，王一楠却说："既然是合同就要谨慎一些，我再复查一遍，没有问题再打印一份！”王一楠又花了将近半小时，确定合同正确无误之后才打印交给了这位先生。

王一楠按照公司的标准收了费，这位先生非得给王一楠加班费不可，但被王一楠拒绝了。

三个月后的一天，当王一楠下班刚走出办公室时就被一个陌生男士拦住了，虽然看着面熟但就是想不起是谁了。这位先生先开口了："你好啊！三个月前你帮我翻译过合同的，你忘了啊？”王一楠这才想起来，他就是那位着急翻译合同的人。

这位先生非得请王一楠一起吃饭不可，王一楠好意难却只好前往。王一楠随着这位先生走进一家五星级酒店，看到豪华的酒店，王一楠连路都不会走了，因为这是他第一次到如此豪华的场所。这位先生也是个直爽的人，先是对自己做了简单介绍，接下来说这次请客有两个目的：一是感谢王一楠上次帮助自己翻译合同，因为那个时间段他跑了好几家翻译公司都被拒绝了，只有王一楠没有拒绝；二是希望王一楠跟着自己干，因为他看中的不仅是王一楠的工作态度，更是对他品德的肯定。他还说："人们都愿意帮助曾经帮助过自己的人，你曾经帮助过我，这次算我帮助你吧，更是你自己帮助你自己！”

那天的饭王一楠吃得有些头大，回到家里一百度，才知道与自己吃饭的人是如此有实力。

人往高处走，水往低处流。最终，王一楠同意了，便辞职了。于是，新的老板就带着王一楠全世界飞了。

在王一楠看来只是举手之劳的一次服务，但是在那位先生看来却有着极为重大的意义。每个人所处的角度不同，看待问题的结果自然不同。无论角度怎么变化，本质都是不变的，那就是无论在什么时候我们都得学会奉献，懂得为别人慷慨解囊。我们帮助的人越多，我们的朋友就会越多，在我们遇到困难的时候，还会害怕没有人帮助解决吗？也许我们帮助的人就是自己的高端人脉呢！从此我们的命运就改变了。

5. 帮助对方实现心灵的渴望

千万不要认为我们懂得对自己的高端人脉奉献就万事大吉了，更不要认为只要摸清楚需求，自己再有针对性地做出贡献，对方就能够满意，就会信任你，与你建立亲密的关系。很多时候，尤其是高端人脉，一般都比较含蓄，不会直接告诉你自己需要什么，而且外表、言谈举止等会掩饰他们的真实想法。假如他希望得到 A，却告诉你自己喜欢 B，如果你信以为真，那就大错特错了。你只有认真分析理解对方的心理和真实需求，然后发挥自己的力量，才能成为高端人脉相信的人，成为“心腹”，才能得到高端人脉更多的帮助，否则只能是南辕北辙。

我们在为高端人脉贡献自己的力量的时候要注意以下几点：

● 认真分析切勿着急下结论

如果想让自己的贡献打动高端人脉的心，就需要进行分析，分析其真正的需求，不能就高端人脉表面的需求下结论；否则，只能是前功尽弃。

● 内心需求才是其真正的需求

我们贡献给高端人脉最好的结局就是能够让对方心里舒坦。要想对方心里舒坦就需要将其内心需求认识清楚，然后再采取下一步行动。

● 听话要听话语背后的话

高端人脉之所以是高端人脉，是因为他们在某些方面优于我们，尤其在说话方面更有自己的一套。他们一般比较含蓄、高深、有内涵，这就需要我们在沟通的过程中多分析他们话语背后的意思，因为这才是他们最真实的需求。

其实，要想了解高端人脉的内心需求，最常用的方法就是换位思考，我们要站在对方的角度去思考问题，从对方的角度来看待问题，你才能理解对方真正想的是什么，需要的是什么。这样不仅有助于提升我们的人脉，还能够给自己带来更多的新思路。尤其当我们遭受社交困局的时候，不要抱怨别人，更不要打击别人，先问问自己，是否进行过换位思考？是否了解对方的真实想法？也许我们还没有高端人脉那样的思想境界，但是我们至少要学会宽容对方，这样不仅有助于提高我们的人脉，更有利于锻炼我们的气魄。

当然，现实社会中我们不得不承认，每个人或多或少都会戴着面具生活，或者是扮演各种各样的角色，这样常常让我们自己与角色混淆，分不清真实的自己，何况别人也扮演着各种角色，我们更无法了解他们的真实想法。这就导致我们的判断经常出现误差，影响我们的人际交往。此时，最好的方法就是根据当时的场景、状况，进行换位思考。如果你是对方你会怎样做？这样一想你就能够明白对方此刻的想法，虽然我们的判断不可能百分之百正确，但至少八九不离十。

当然，换位思考不仅是站在对方的角度思考问题，更是学会一种懂得替他人考虑、为他人着想的照顾别人的淳朴想法。有了这样的想法就会积极行动，这种行动最终的结果就是感动对方，让对方与我们形成一种心灵相通的感受，让对方感受到与我们沟通被深深尊重，进而缩短彼此之间的距离。可见，与高端人脉交往，尤其在我们贡献自己的价值的时候，学会换位思考是必需的，这样我们才能贡献到对方的心坎上，不仅让对方满意，也对我们节省成本大有好处。

我下面列举的案例相信大家在很多地方都看到过，但还是在这里讲一下。

传说有男子在伸手不见五指的夜晚，跌跌撞撞地前进着。由于天黑路不平，再加上下雨，本来崎岖的山路更加难走，他不仅被滑倒很多次，还与别人相撞很多次。

在道路的转弯处，他突然看到一丝亮光，这让他内心很是激动，虽然脚下的道路依然坑坑洼洼，但是他似乎觉得脚下是坦途，使他不由得加快了脚步。当距离越来越近的时候他才发现，原来是一位盲人正在挑着灯笼前进。人常说瞎子点灯白费蜡，可是眼前这位盲人的灯光却给了这位男子很大的震动。但是，心中的好奇依然是难免的，于是，男子问："你是真的看不到任何东西吗？"

盲人放慢脚步说："是的，我自从来到这个世界就看不到任何东西。无论白天还是黑夜，对我都是一样的。"

男子问："既然你什么也看不到，为什么还要挑着灯笼前进呢？难道是为了掩饰自己不是盲人？"

盲人很淡定地说："我眼睛看不到这是事实，没有什么掩饰的必要。据我了解，很多视力很好的人，一旦到了晚上，在没有光线的情况下，也会变得与我一样，什么都看不到。我挑着灯笼，是为了让他人可以看清楚脚下的道路，更是让他们看到我而不撞到我。虽然我眼睛看不到，但是只要我夜里出来，从来没有被人撞到过，因为他们看到我的时候脚下的道路都是很清晰的。我挑着灯笼不仅是为了替他人着想，更是为自己的安全考虑。"

男子听后顿时面红耳赤，不好意思地离开了。

当我们不了解一个人的时候，不要试图以自己狭隘的想法去理解他人，而是应该站在积极向上的角度去看待对方。懂得尊重别人，更应该懂得换位思考，这样不仅为别人提供了方便，更为自己创造了方便。尤其当我们不了解事情真相的时候，盲目地瞎猜，只能导致在人脉交际中误解不断。如果想要避免误解，实现彼此理解，就应懂得换位思考。换位思考，不仅仅是站在对方的角度思考问题，更是身份的互换、心灵的互换，只有如此你才能给你的高端人脉留下深刻的印象：知我者非你莫属。不仅拉近了彼此的距离，让对话更加有针对性，提高了工作效率，从个人情感上，也更能够让高端人脉体会你的善解人意，这样也许你不需要花多大的力气去帮助高端人脉，就会吸引更多的高端人脉向你靠近。

6. 真正的成功是带动身边人一起成功

生活在高度发展的社会，我们每个人的时间都很有限，没有更多的时间去处理人际关系。于是乎，大家只选择对自己有帮助的人去帮助，进而换取他们对自己的帮助，对那些对自己没有太大帮助的人，一般都是采取疏远的方式。这样对待人脉的策略，不仅是对人脉的浪费，更是对人脉的亵渎。

当我们拥有更多高端人脉，并且与这些人脉有亲密往来的时候，必须有海纳百川的心态，包容他们的缺点；更应该有让自己身边每个人都成功的胸怀，有句广告语叫“大家好才是真的好”，当我们身边的每个人都成功了，水涨船高，自然而然我们也容易成功，近朱者赤，近墨者黑，环境可以影响并且改变一个人。还有一句话叫“远亲不如近邻”，再成功的人脉，如果距离你天涯海角，还不如有一个成功的邻居。所以，我们要平等地对待身边的人脉资源，并且能够带动身边的人走向成功，这才是真正的成功。

现在，要明确一下对高端人脉的理解：

● 好的人脉经得住时间的考验

我们很多人在需要人脉的时候才想起人脉，这就导致了一个问题，对于认识的人脉的优劣势我们并不清楚。有的人为了某种目的，可能短时间内可以成为你的人脉，可是时间久了你却发现他没有任何价值；也有的人脉一直躺在人脉名录中，似乎对我们没有多大的作用，可是当你真正需要的时候，他能够起到以一顶十的作用。所以，好的人脉一定是经得住时间考验的。

● 高端人脉也有 250 定律

250 定律是说每个人身后通过各种关系都可以联系到 250 个亲朋好友，如果搞定一个人就相当于搞定了 250 个人。有些人脉具有一定的隐藏性，也许我们认识的人对我们没有多大关系，但他身后隐藏的某个人就是我们的高端人脉，所以，我们要学会挖掘我们的潜在高端人脉。

我们身边是否有高端人脉很关键，但最关键的是我们是否有发掘高端人脉的潜能，是否有激活高端人脉的本事，是否给身边的人脉留下成长的空间，是否有帮助身边人成功的胸怀。

战国时期的孟尝君是一个爱才之人，他的门客有几千人，有很大的影响力和知名度，因此，有很多人慕名来投奔他，冯谖就是其中之一。

当孟尝君问冯谖有什么才能、什么爱好的时候，冯谖都说没有。虽然有人建议可以将这种没有用的人赶走，但是孟尝君还是将他留了下来。但是孟尝君的管家却不待见冯谖，总是给他吃剩饭剩菜，出门的时候不能享受其他门客那样有马车坐的待遇。于是，冯谖每天倚在柱子上，敲着饭碗，要求有鱼有肉，出门要有车坐。冯谖的这种做法有些像流浪无赖的样子，引得其他门客都觉得烦，但是，孟尝君还是满足了冯谖的一切要求。

孟尝君的做法很让冯谖感动，当别人都不看好自己的时候，只有孟尝君将自己当人看，虽然孟尝君对自己并不了解，但是依然能够满足自己的一切要求，证明他的人品是没有问题的，是值得依靠的主子。于是，冯谖心里暗暗发誓，一定要为孟尝君做点什么。

一天，孟尝君派人去封地薛收债，冯谖看机会来了，便自告奋勇上前说："让我去吧！"可是冯谖到了薛地后，不仅没有向老百姓收欠债，反而当众将借据烧掉了。孟尝君虽然很生气，可是既然做了只能就此罢了。

不久，孟尝君的官职被罢免了，只好回到自己的封地薛居住，老百姓纷纷出来拜谢，感谢当年在天灾人祸之时，孟尝君不仅没有收债，还烧了借据，挽救了他们的性命。孟尝君这才知道冯谖的良苦用心。

孟尝君向冯谖表示感谢，可是冯谖说："这只是第一个洞穴，只有再营造两个洞穴，您才可以高枕无忧！"接下来，冯谖要求孟尝君给他准备马车和财物，然后他就带着这些东西到各国游说去了。

没过多久，孟尝君接到了国君的道歉信，信上说："我不该罢免你的官职，我现在请你回来做我的大臣吧！"这是冯谖为孟尝君营造的第二个洞穴。

在冯谖的建议之下，孟尝君请求国君允许在自己的封地上建立庙宇。古人对庙宇很重视，他们将这些都归功在孟尝君的头上，使得孟尝君的地位更加牢固。这是冯谖为孟尝君营造的第三个洞穴。

有了这三个洞穴的保护，孟尝君当了几十年的高官，既没有招来祸端，也没有招来弹劾与诬告，不得不说这与冯谖的功劳是分不开的。

我们身边很多人都是普通人，但是普通人也有不普通的地方，这就需要我们去发现和挖掘他们的价值，甚至需要培养。如果我们急于求成，希望自己面前的人都是立马可以帮到自己的高端人脉，有这样的想法就大错特错了。毕竟我们都是普通的人，生活在这个圈子里，不可能突然“天下掉下来个林妹妹”，除非我们本身就生活在高端人脉这个圈子之中。所以，当我们懂得奉献，并且善于培养人脉、挖掘人脉的时候，就会让那些曾经做不到的事情被自然而然、顺理成章地搞定了。

当年俞敏洪在大学期间，每天坚持打扫宿舍的卫生，并且替同学打热水、洗衣服。多年之后俞敏洪成立了一家公司，需要合作伙伴。于是他跑到国外去寻找当年的大学同学，许诺以优厚的待遇和条件。这些同学果然放弃了国外优越的待遇回来帮助他，他们回来的理由并非俞敏洪开出的待遇，而是：“就凭你当年为我打那么多次开水，洗那么多件衣服，这个忙我必须帮。再说了你的人品我们了解，绝对不会亏待我们的，让我们一起开公司吧！”正是有这些同学的支持，俞敏洪的事业发展得如此迅速，成为同行业中的佼佼者。

所以，当我们抱怨没有人脉帮助自己、提携自己的时候，想一想自己是否对身边的人奉献过什么。也许有的人今天平淡无奇，被人瞧不起，但是，明天他们就有可能成为我们生命中的贵人，成为能够成就我们的高端人脉。因此，当我们与潜在高端人脉相处的时候，要懂得乐于助人，因为人们都愿意与乐于助人的人交朋友。多为他人着想，你才能够与你的高端人脉相处得越来越好，在关键的时候，他才能够对你鼎力相助。

第四章 乐于分享 将价值传递给更多高端人脉

让资源真正活起来

互利共赢是一切合作的基础

懂得感恩，让你充满人情味

使价值传递最大化

分享也需要有原则和底线

要分享不要“贪污犯”

1. 让资源真正活起来

我们每个人都渴望拥有数不尽的高端人脉，在自己遇到困难的时候，这些高端人脉能够帮自己一把。可是面对纷繁复杂的社会和众多的事情，我们的时间和精力有限，不可能认识各行各业的高端人脉，这也就意味着在我们遇到某些困难的时候，其实是没有人能够帮得上忙的。这就需要我们借助外援，通过向自己的朋友，向自己曾经帮助过的人求助，让他们挖掘他们的人际关系，寻找到对我们有帮助的人，解决我们面临的困难。但是这里有一个前提，那就是我们曾经帮助过别人。如果我们的人品很差、很吝啬，没有几个朋友，更没有帮助过别人，那么，当我们遇到困难的时候只能是孤立无援了。

因此，我们要懂得分享。当身边的人甚至是陌生人需要帮助的时候，我们应该发动自己身边的人脉资源来帮助他们，助他们渡过难关。这样一来，当我们有困难的时候，就可以向他们求助，让他们发动身边的人脉资源来帮助我们。这不是资源互换，而是资源互补。

这种分享人脉资源的方式，不仅可以帮助彼此解决困难，更是对人脉资源的有效互动与激活。如果我们认识一些高端人脉，却一直将他们库存着，不去联系不去关心他们，时间长了，不是他们将你忘记了，就是你将这些资源活活“捂死”了。甚至，有些人脉资源被封存久了，他们也会觉得与你是无交集的，便会很自觉地从你的人脉资源库消失，当你记起来的时候他已经将你淡忘得差不多了，想再熟络起来就很困难。只有时常联系，分享自己的资源，让自己的人脉资源体会到价值感，他们才会在你的人脉资源库中一直存活。再说，分享人脉资源不仅扩大了自己的人脉资源，也让你的人脉资源与他们的人脉资源进一步扩大。好的人脉资源只有在不断分享的过程中才能成为真正有用的人脉资源。

但是现实中，很多人在分享人脉的时候，都怀有自己的小心思。以下这些想法使得人脉分享过程并不顺畅：

- **对自己有用的人脉资源绝对不分享**

现实中很多人很自私，保留在自己手中的人脉，如果在他们看来是有用的，就会舍不得分享，觉得毕竟是通过自己的努力挖掘出来的有效人脉资源，不想分享给那些不劳而获的人；另外，他们还担心分享之后，自己的人脉会受到伤害；甚至，有很多人觉得分享人脉之后，别人比自己更优秀，心里不舒服，于是干脆不分享。

- **分享出去的都是对自己没有用的人脉资源**

那些对自己没有用的人脉资源，至少目前看起来是这样的，很多人愿意分享出去。你本来就是一个“过滤器”，将那些没有用的分享出去了，虽然也许对某些人有价值，但人脉价值就不会太高，时间久了，自己的价值也会降低。

- **无论人脉资源好与坏都不分享**

有些人即使拥有很多人脉资源，但就是不愿意分享。一是由于懒惰，二是不想承担任何风险与责任。这种人虽然暂时有一定的人脉资源，但是时间久了，就会连朋友也没有了。

- **将对别人有害的资源分享出去**

有些人同样很自私，对自己有用的人脉不分享，却分享那些对别人有害的东西。其目的很明确，就是想通过分享有害的东西，导致他人放慢前进的速度或者是失败，最终只让自己一个人成功。这种做法，只能是搬起石头砸自己的脚，最终会被人唾弃。

因此，当我们分享人脉资源的时候，应该分享对大家有价值的，不要分享对大家没有用处的，否则就是搬起石头砸自己的脚。只有你不断分享有价值的人脉资源，长此以往才会在大家的心目中形成一个很靠谱的形象，当你再遇到困难的时候，别人也会将自己最有价值的人脉资源分享给你，让你在最快的时间内解决问题。

我的朋友马克刚刚调入美国一家公司做人事主管，可是上班第二天就遇到了一个很棘手的问题——公司的一位员工在出差的过程中摔断了胳膊。之前在国内发生这样的事情，都是按照国内赔偿的标准进行赔付，很好解决。可是，现在到了国外之后，面对的是国外的法律条款，一切都与国内的有着很大不同，他没有任何处理类似事情的经验。而且这位国外员工为了得到更多的补偿，还请来了新闻媒体，导致事态随时可能进一步恶化。马克的老板给他下了死命令："为了避免这件事情影响到公司的形象，必须三天内拿出切实可行的解决方案，否则你就滚蛋！"

时间紧，任务重，加上马克没有任何经验，把马克急得几乎两天两夜没有睡着。在第二天晚上，他忽然想到了求助外援。他在人事管理互动微信群中发出了请求，并且给自己认识的有过海外人事管理方面经验的朋友打去了电话，电话中朋友从不同方面考虑给他提供了二三十条可以参考的意见和建议，顿时打开了马克的思路。

在第三天的时候，马克不仅拿出了切实可行的处理意见，还写了部门处理这件事情的整个流程。最终，马克得到了老板的赞赏。

马克请教的这些外援朋友，不仅有丰富的海外人事管理经验，而且都是信得过的靠谱朋友，虽然大家在不同的区域，并且没有见过面，但是都在一个微信群中，经常互动。当遇到困难在群中说不清楚的时候，便直接电话沟通。马克求助的几个朋友都是他曾经帮助过的，也有几个遇到的困难马克没有办法解决，后来，马克分享自己认识的其他朋友帮助解决了。当然，也有几个陌生的朋友主动打电话给马克提供自己的思路和方法，这些朋友马克平时交流少，但是在群中马克很活跃，已经给大家留下了很好的印象，于是，当他遇到困难的时候，无论认识的还是不认识的人都伸出了援助之手。

可见，只要善于分享和利用自己的人脉资源，他们就能够为自己提供超乎想象的力量。我们认识的每一个朋友，或者不认识的人都是我们潜在的高端人脉资源。尤其那些对我们不是很了解的朋友，要想让他们了解我们、信任我们，提供对我们有价值的资源，我们首先要懂得分享，塑造让别人信得过的形象，然后，我们才能借助他们分享的资源力量，顺利完成自己的任务，实现目标。

2. 互利共赢是一切合作的基础

狮子和狗熊是好兄弟，这天它们相约去树林打猎。它们刚潜入树林，目光敏锐的狮子就发现了树林里的小鹿，正当狮子要扑过去抓捕的时候，被狗熊拦住了：“别着急，鹿跑的速度太快了，我们只有前后夹击才能抓住它。”狮子听了觉得狗熊说的有道理，于是它们分头行动。

树林青草肥美，正当小鹿吃得尽兴，突然感觉身后有动静，它回头一看，是一只馋得流口水的狮子正向自己扑过来，小鹿撒腿就跑，狮子穷追不舍。正当狮子累得精疲力竭，小鹿快要跑出狮子视线的时候，突然从树背后蹿出一只狗熊，将跑得正欢实的小鹿一巴掌拍倒在地上，小鹿顿时晕了过去。

狮子气喘吁吁地走到狗熊跟前说："兄弟，这猎物咱们怎么分啊？"

狗熊理直气壮地说："鹿是我一巴掌拍死的，我功劳大，我肯定分得多啊！"

狮子说："照这样说，我的功劳才最大，如果不是我发现小鹿，你能够逮到小鹿吗？"

狗熊不甘示弱地说："发现有什么用？逮到才有用！"

狮子不服气："不是我将小鹿赶到这里，你能够逮到小鹿吗？"

这对往日的好兄弟，为了这只小鹿怎么分享而大吵起来，而且互不相让，最终动手打了起来。

被打晕的小鹿被吵架声惊醒，它看到狮子和狗熊在草地上滚来滚去打架，赶紧站起来，撒腿就跑。

当狮子和狗熊彼此打得鼻青脸肿，再也没有力气的时候才停了下来，它们回头一看，小鹿早已经不见踪影了。狮子和狗熊顿时后悔莫及。

虽然这是一则寓言故事，但它告诉了我们一个道理：合则两利，斗则两败俱伤，互利共赢是一切合作的基础。如果彼此都只顾及自己的利益，想尽一切办法让自己的利益最大化，甚至不惜牺牲对方的利益，而且寸步不让，这样必然不可能有合作可言。因为这只是单方面的赢，而不是共赢，当另外一方察觉到的时候，合作便会终止。于是再好的关系也会成为敌人，而且可能会无休止地争斗下去，最终只会落得两败俱伤，或者是渔人得利的结局。

在竞争激烈的社会，人与人之间、团体与团体之间都存在着激烈的竞争，如果不懂得互利共赢，只有你死我活的竞争的话，最终即使某一方胜利了，也没有双方合作共赢获得的多，甚至无形中不仅树立起了一个敌人，也为自己埋下了危机和隐患。那种你死我活的竞争只能算是恶性竞争，从长远利益和长远发展来看，都是极为不利的。只有互利共赢，才能让彼此都有更长远的发展，才能让彼此真正相互依存。

尤其是在同行之间，竞争更为激烈。本来正常的竞争是好事，可以完善彼此的不足，为客户提供最佳的服务，但是如果只知道竞争而不懂得合作，那只能是恶性竞争，彼此的利益只是在最小化，而不可能最大化。

我们是否发现这样一种现象：在有肯德基的地方，基本都有麦当劳。它们两者本属于竞争关系，但从没有看到肯德基发动过什么“战役”将麦当劳消灭了，更没有看到麦当劳对肯德基有什么大动作。相反，它们在相互竞争中促进了彼此的进步，共同培育扩大了市场。可口可乐与百事可乐的竞争也很激烈，但是它们从来没有搞恶性竞争，甚至连促销活动都是有意错开来弄，如今两家都发展得很好。

可见，不懂得分享，不懂得包容，更不懂得互利共赢，那么彼此的竞争就是浪费时间。增加“体能”消耗的结果，最终只能如拳击一样，一个躺下了，一个虽然还站着但也是遍体鳞伤。合作共赢才是繁荣发展最稳定的道路选择。

楼下底商开了一家名叫“风华”的书店，刚开业时大家觉得新奇，蜂拥而至，使得书店的生意火爆。可是，三个月之后，在底商的另外一端又开了一家名叫“正茂”的书店。风华书店的生意有一部分被分流到了正茂书店，这让风华的老板很生气，他决定想法挽回那一部分客源。最后他想出来的办法就是给自己店里的书打折。他在书店的门窗上贴上了：本店图书除了教材之外，一律八五折！在接下来的几天风华书店的生意顿时火爆起来。可是没有几天正茂书店的老板也想出了应对策略，同样是打折：本店图书一律八折。风华书店看到正茂书店也有动作了，于是，他出了更狠的招数：本店图书一律七五折，凡是购满一百元者赠送精美小礼品，多购多得。

就这样，风华书店与正茂书店打起了价格战。两个月之后，风华书店的老板一算账，发现自己不仅没有挣到钱还亏本了，想必正茂的生意也不会好到哪儿去，如果照这样下去两家书店只能关张。于是风华书店的老板登门找到正茂的老板，希望双方能够合作共赢，不要斗得两败俱伤。正茂书店的老板也正有此意。两位老板坐在一起商量应对的策略。最后双方共同决定：两家书店尽量避免进同类书籍，而且不再搞价格战。三个月之后，两家书店都有了盈利。从此，两家书店的老板成为了好朋友，经常在一起商量经营书店的策略，一起吃饭喝酒，正所谓不打不相识啊！

虽然都说同行是冤家，但到底是敌是友，这得看彼此的胸怀了。只要我们有包容之心，以开阔的心胸容纳同行；并且有分享精神，能够分享彼此欠缺的东西，那么同行就可以成为很好的朋友。这样不仅可以合作，更有利于彼此长远的发展，能够成就彼此，让彼此都立于不败之地。

因此，在人脉资源中，应该注重互利合作，与其独吞利益成果，不如与大家分享。在商业竞争中，要遵循有钱大家一起赚的原则，只有这样才更适合现代社会的发展，更有利于我们的成功。

3. 懂得感恩，让你充满人情味

街边的乞丐一边磕头，一边对行色匆匆的行人说："行行好，给我 50 元，我打车回家！"

有个行人驻足说："我这里只有 30 元了，给你吧！"

乞丐毫不客气地说："那你还欠我 20 元！"

行人立马收起将要递给乞丐的 30 元，扬长而去。

别人帮助你是情分，不帮你是本分。任何人在任何时候都不要将自己生活得一塌糊涂的原因，全部推到老天对自己不公平和别人对自己不友好上来。生活对我们每个人都是公平的，就看我们怎么去看待了。如果总觉得周围的所有人都亏欠自己，那么自己将永远生活在欲求不满的痛苦中。如果处处将别人的帮助当作理所当然，而不知感恩，那么你会是一个没有人情味的人。这样的话，别人有可能在第一次不了解你的情况下伸手来帮助你，但第二次未必会伸手帮你。

虽然我们经常听到别人说"不客气"，但"不客气"并不是回绝感恩，而是对感恩的一种礼貌回馈。其实，每个人都想听到感恩的话，这和每个人都喜欢听到赞美之词是一样的。感恩之词是对他人付出的肯定，如果别人付出了却没有得到任何回应，那无疑会觉得自己白付出了。

前段时间北京地铁上有两个女人吵了起来。原来，一个坐在座位上的女人，看到另外一个女人挤进地铁，一副身体不舒服的状态，座位上的女人立马起身向其让座。后上地铁的女人毫不客气一屁股坐下来，顿时，眉飞色舞、手舞足蹈，完全没有了身体不舒服的状态，甚至还大声向自己另外一个同伴嘚瑟自己抢到了座位。让座的女人越听越不乐意了：“一是，我给你让座了，你至少说句感谢的话吧，别一副理所当然的样子，我并不欠你的！二是，明明这个座位是我让给你的，而不是你抢到的，你这样说完全抹杀了我的存在和付出。三是，既然有了座位你就安安稳稳坐着呗，还到处嘚瑟就像占了大便宜一般……”两个女人吵了起来，后来在众乘客的劝说之下才停战。

其实，最根本的原因就是后上地铁的女人不懂得感恩。如果这个女人懂得感恩，温柔地说一句“谢谢”，也许让座的女人不至于发火，甚至对让座的女人关切地问候几句，也许两个陌生女人从此成为很好的姐妹。但正是因为缺少“感恩”的环节，一切假设都不成立了。

我们每个人都应该懂得感恩，感恩是我们每个人应该具备的素质，只有怀揣感恩的心，才能让自己的生活过得充实幸福。感恩父母的养育之恩，感恩爱人给予我们的甜美爱情，感恩朋友在危难之时伸出援助之手……感恩是一种大德，它能够给人一种动力，还可以促使人们付出更多努力来回报，从而成全自己。心怀感恩的人，终将得到回报。

多年前网络上有一个很火的视频，大概内容是这样的：毕业于清华的博士研究生张艰，年轻有为，前途无量。可是，天有不测风云，与张艰相依为命的姐姐突然查出患有白血病，急需一大笔医疗费用。张艰根本拿不出这笔费用。为了挽救姐姐的生命，张艰在网上发帖：“我是清华大学计算机系毕业的博士研究生，踏实努力，急需 20 万元钱为患有白血病的姐姐治病，急切盼望有用人单位录用我，并预付我 20 万元，我愿意与用人单位签订五年的劳动合同来偿还。”

张艰的帖子引起了网民的轰动，与张艰联系的人络绎不绝。两天之后，张艰与一家网络公司签订了合同，公司一次性预付张艰20万元的医疗费用。记者采访这家网络公司的钱总：“是什么促使你情愿预付这笔医疗费用呢？”钱总说：“20万元对我们来说不算什么，但眼下可以挽救一个人的生命，也能帮助一个很有才华并可能为公司创造更大利益的人才，何乐不为呢？”记者再次追问：“你怎么确定张艰就一定能够为企业带来利益呢？万一徒有虚名呢？”钱总肯定地说：“抛开名牌大学不说，就从张艰对姐姐的情义，我想他不会辜负我们公司的。退一万步说，如果在这个过程中出现什么意外，我也没有什么后悔的，就当资助了一个贫困生。”

后来，张艰的姐姐得救了，他也践约进入网络公司工作。钱总本人因为这件事为他的公司赢得了极高的声誉，也吸引来了大批的业务。

网络上的故事到此结束，但现实中的故事并没有到此结束。五年之后，张艰决定回乡创业，虽然钱总进行了挽留，但最终还是放手了，他觉得张艰适合更广阔的天空。

张艰回家经过三年的艰苦创业取得了丰硕的成果。有天他听到一个噩耗，钱总全家发生车祸，钱总的爱人与孩子当场死亡，钱总半身瘫痪。钱总的公司也因此关门了。张艰听到这个消息犹如五雷轰顶，他放下手中的活儿，将钱总接到自己身边精心照顾，他说：“钱总给了我和我姐姐生命和希望，犹如我的再生父母，现在我就应该像对待亲生父母那样去对待他，照顾他一辈子！”

这就是两个懂得感恩的人对彼此的回报，感人至深，再多言语都无法表达。懂得感恩，才能分享快乐、传递能量。

感恩那些曾经伤害过你的人，是他们磨炼了你的心志；感恩那些曾经欺骗过你的人，是他们增进了你的智慧；感恩那些中伤你的人，是他们砥砺了你的人格；感恩那些鞭打你的人，是他们激发了你的斗志……

可见，心怀感恩，不仅是一种生活态度，更是一种美德。懂得感恩能够让自己的心胸更开阔，能够让自己更有人情味，能够吸引更多的高端人脉向我们靠近。

在此我必须提醒几句：

感恩的时候一定要真诚，发自肺腑，不可敷衍，不可虚情假意。

感恩一定要与对方曾经帮助过你的事情相吻合，不要太笼统，越细心对方越觉得你是一个有心人，越愿意帮助你。

懂得用行动回馈对方来表达感恩，感恩不仅要口头上表达，更应该用实际行动来表达。尤其在对方急需帮忙的时候，如果你只是站在旁边说感恩的话，而不知道伸手拉一把，怎么能够说你懂得感恩呢？

4. 使价值传递最大化

当一个人懂得分享的时候，他不仅给别人带来了快乐和财富，同时也让自己的价值倍增。懂得分享的人不仅能够交到难得的朋友，还可以收获友谊之外的财富。懂得分享的人，不仅能够赢得他人的尊重和爱戴，同时大家也愿意跟他分享属于自己的东西，使得他的人脉和财富就如滚雪球一般越来越大。

萧伯纳有句名言：“如果你有一个苹果，我有一个苹果，彼此交换，我们每个人仍只有一个苹果；如果你有一种思想，我有一种思想，彼此交换，我们每个人就有了两种思想。”

李嘉诚有句名言：“做生意不能老想着自己赚钱，能赚 10 元钱的生意，赚6元钱就可以了，其他的4元分给别人赚。这样，别人在赚钱的时候也会想起你，你赚钱的机会就越来越多了！”

可见，分享不仅能够让我们得到源源不断的财富，还可以得到终身有益的思想。

要想让自己的分享价值最大化，必须做到以下两点：

● 分享对对方有价值的东西

有些东西对我们来说是无价之宝，但是对别人可能一文不值，因此，当我们分享的时候应该以对方的需求来衡量价值的大小。对方需要，我们分享给他，那么，我们的分享就是有价值的；否则，我们的分享就失去了价值，甚至可能是费力不讨好。

● 分享要达到雪中送炭的效果

要想让分享价值最大化，并非对方一需要我们就送去，这样对方可能会觉得来得很轻松，感受不到宝贵性，更不知道珍惜。当对方在求助很多人没有结果，非常着急、非常需要的时候，我们再送去，这样他们就能最大限度地感受到我们的价值。当然，在这里我不是说我们有资源而故意刁难别人，而是说我们雪中送炭的时候要把握住时机，比如，最好下“雪”的时候再“送炭”。

我们分享的其实是价值，或者说是价值的传递。大家一起合作，一起分享，既是朋友，也能够共同赚得大笔的财富，何乐而不为呢？分享的力量是巨大的，不仅对对方的资源是一种互补，更是对方对我们价值的一种肯定。有价值才有合作。大家一起合作，优势互补，资源共享，为共同的目标而奋斗，在困难的时候能够一起面对，这样产生的友情会更加牢固。尤其是在生意合作之后，通过分享彼此的经验、方法、资金与人脉，最终彼此都能够获得更多的财富。

分享让彼此更加信任，懂得分享的人更懂得团结。现在的社会竞争异常激烈，只有通过分享，建立起来的团队才更有凝聚力，当面对外界的暴风骤雨时才会更有抵抗力。一起渡过难关，其实就是对每个个体的保全。

> 谢福烈是四川温州商场的董事长，他是第一位在四川从事房地产开发的温州商人。
>
> 1997年，谢福烈在四川广元兴建第一个商城的时候，曾经在四川引起了轰动。如今，谢福烈的投资已经发展到了乐山、三台、自贡等地。这些投资已经超过了7亿元。这么大的投资，谢福烈却没有向银行贷过一分钱。
>
> 那么，谢福烈的资金是从哪里来的呢？
>
> 谢福烈投资自贡商城时总投资需要3亿多元，靠谢福烈的自有资金显然是不够的。于是，他把自己的计划向60多位老乡公布。结果这些老乡二话没说，集资凑足了3亿元，这个项目就被这些有钱无处花的人给拿下了。

谢福烈能够成功是因为得到了老乡对其分享的他们自己的价值，但是在这背后其实是谢福烈在进行地产开发的时候，有好的事情时时刻刻想着家乡的人，有挣钱的活儿总是让家乡的人来干，来挣这些钱。有些项目请别人来干会更省钱，但他还是会请家乡的人来干，因为他心中时刻牵挂家乡人民的幸福，他从内心希望家乡人民的日子尽快地好起来。他从来不会拖欠大家一分钱，因此，他在家乡赢得了好口碑，经常跟着谢福烈干的老乡有的在家乡盖起了小洋楼，买上了高档小轿车。每当谢福烈看到这些心中都很自豪。因此，当谢福烈需要帮助的时候大家毫不犹豫地伸出了援助之手。

懂得分享与传递自己的价值，才能有好人缘，才能赢得更多人的信任，才能有高端人脉聚集在身边，才能群策群力，成就一番大事业。

记得刚从大学毕业的时候，我顺利进入一家公司，并在这家公司遇到了一个很好的老员工——也不能说老员工，他仅仅比我早到公司工作三个月。他是一个特别勤快的人，也特别爱分享。他不仅与其他同事分享自己的早餐，也分享自己的私人办公用品。虽然大家的电脑都连着打印机，可是都不愿意亲自打印，而是将文字传给他，让他帮自己打印，打印完毕还送到需要打印的人手中。除此之外，他似乎对大家比较关心的话题都了解得比较透彻，比如说球赛的信息、明星演唱会的消息都是他第一个分享给大家，甚至哪里有好吃的东西、便宜的东西他都很清楚，并且说得丝毫不差。如果是我早被这些琐碎的事情烦死了，可是他总是乐此不疲。更关键的是他连自己开发出来的客户都愿意分享。当时，我刚到公司，业务不熟悉，前两个月没有一点儿业绩，如果第三个月业绩不达标就可能过不了试用期，就得离开这个公司。正当我着急的时候，他将他手中的几个意向客户分享给了我，使得我在第三个月的时候有了业绩，最终顺利通过了试用期。更为关键的是，他连自己的客户都愿意分享给竞争对手，这一点起初我是想不通的，但后来就明白了。当时他好不容易开发出来了一个客户，他辛苦维护了半年，但是这个客户依然不肯下单，最后，他果断地介绍给了竞争对手的员工，这个客户很快在竞争对手那下单了。我有些不解，但他给了我答案："这个客户将我们的产品与竞争对手的产品在各方面做了对比，他更喜欢竞争对手的产品；而且根据他具体的要求，竞争对手的产品也更适合他。我们真心实意为客户服务就是想尽一切办法让我们的客户满意，但我们无法让客户满意，与其将这个资源捂死在我手中，不如趁早介绍给竞争对手，这样不仅客户满意了，还能从竞争公司争取到一个人脉！”后来，这位客户给我的这位同事介绍了很多客户，当我这位同事离职创业的时候，竞争公司的那位员工向其投了100万元……

所以，无论从事什么样的事业，我们不仅要有艰苦奋斗的精神，更需要有分享精神，通过分享我们能获得更多的信任和更多的力量，这样才能干成大事业。那些不懂得分享的人，虽然能够暂时固守自己的一点小利益，但是从长远的角度来看就是故步自封，不可能有大的前途。而那些懂得分享的人，通过分享建立起广阔的人脉网，不仅能够获得更多对自己有用的资源，同时也能够获取更多的财富。其实，分享就是一种价值投资，而且是稳赚不赔的投资，懂得这种投资才能让自己的人生更加辉煌。

5. 分享也需要有原则和底线

说到分享，大家自然而然想到将好的东西、有价值的东西拿出来分给大家享用，可是我们在分享之前是否想过自己的分享是否有价值、有意义？有时候我们的确是倾其所有将自己的东西分享了，可是对方未必满意，甚至得寸进尺。这样就需要我们对分享的对象进行分析，看看分享是否值得。如果对方不值得我们分享，那我们完全可以不分享，不要为了面子活受罪。另外，有些东西是可以分享的，有些东西是不可以分享的。所以，我们在分享之前要对分享的对象、分享的东西进行衡量。

我们在分享之前，应该对以下几个方面进行考虑：

● 根据需要的人脉进行分享

分享就是为了赢得高端人脉的信任，因此，我们在分享之前要做到心中有数，分析哪些人脉是我们所需要的，然后有针对性地进行分享。

● 并非任何人都值得分享

在我们的人脉中肯定各种人都有，因此在分享之前应该进行分析，那些品德高尚、懂得感恩、乐于助人的人脉是我们分享的重点对象。如果没有这几样品质，你即使分享了对方也觉得理所当然，不会回报。

● 不该分享的东西绝对不分享

我们看到好的东西都想得到，可是有的东西是一个人的看家本领、吃饭的工具、商业机密、核心技术等，如果将这些东西分享给别人，不仅我们没有饭吃，还有可能犯下更严重的错误。针对这种情况一定要记住：该分享的分享，不该分享的东西坚决拒绝。

在分享之前我们要对我们所分享的人脉、所分享的东西进行分析，哪些人脉值得我们分享、哪些东西值得我们分享，都一定要做到心中有数。既然分享，就要给值得分享的人分享最好的东西；但是有些人不值得分享，我们就坚决不能分享，不能因为关系好就分享，最终倒霉的只有自己。

尤其，在这个商场如战场的年代，在信息时代，一份商业机密的泄露完全可以毁掉一个公司。那么，作为公司的内部人士，就应该严格遵守保密制度，不能随意分享公司内部的消息，这不仅是个人的素质，更是对自己对企业应该负的责任。

李峰和薛刚是大学同学，毕业之后，他们分别进入了两家不同的公司，而且是两家业务相同的竞争公司。因此，为了不产生不必要的误会，两个人平时很少见面，但是同学之间的友谊依然存在。

最近薛刚一直约李峰出来一起吃饭喝茶，但都被李峰拒绝了，因为近期有一个竞标项目两家公司争得你死我活，各不相让，薛刚甚至在电话中让李峰看在老同学的分上能够分享点他们公司内部的消息，结果被李峰坚决地拒绝了。

这天薛刚再次电话邀请李峰晚上出来吃饭，李峰心里嘀咕着：难道他又想从我这里打探消息吗？薛刚似乎知道李峰心中怎么想，于是赶紧说："这次请客吃饭没有任何目的，你放心，主要是感谢你帮我介绍熟悉的朋友让我买到了便宜的房子，我总不能忘恩负义，所以一定要请客感谢你一下啦！再说咱们是老同学，好久没有见面了，我也挺想你的，见面聊聊同学情总该可以吧？"

的确，在几个月前，李峰从事房地产的朋友手中有一些便宜的房源，为了完成当月的销量任务，于是找到李峰希望能够推荐给身边需要买房子的朋友。李峰将这个消息在朋友圈说了一下，薛刚便在微信中咨询，说他最近要结婚需要新房。李峰将有房源朋友的微信推送给了薛刚，两个人很快达成合作，这让薛刚省下了不少钱，薛刚请客似乎也是情理之中的事情。再说毕竟是老同学，见一面又何妨？

最后，李峰答应了薛刚，可是他内心还是有些犯嘀咕，毕竟彼此都是竞争对手的核心成员，在一起吃饭影响不好。可是，已经答应了，不好意思再次反悔，再说李峰对自己还是很有信心的。

李峰如约来到了薛刚请客的饭店，薛刚的新婚妻子也来了。

薛刚在酒桌上没有谈任何公司的事情，只谈大学同学那时候发生的一些事情，李峰听得似乎还有些伤感。酒过三巡，李峰被薛刚和其妻子灌得烂醉如泥，李峰也不知道自己说了些什么，只觉得自己说个不停，虽然心里想控制自己的嘴巴，可是嘴巴就是不听使唤。

几天之后，竞标开始了。薛刚的公司对李峰的公司竞标的内部消息了解得一清二楚，最终，李峰的公司被薛刚的公司击败了。

此刻，李峰才如梦方醒，他觉得薛刚那天请客其实就是"鸿门宴"，其真正的目的就是想通过自己打探他公司竞标的内部消息。但是，李峰还是太大意了，没有防备，与薛刚喝高了，酒后吐真言。薛刚乘胜追击，最终，李峰将自己公司的底牌亮给了薛刚，这让薛刚的公司获得了胜利，此刻的李峰真是哑巴吃黄连——有苦难言。

在这个竞争激烈的商业社会，如果我们不能将自己的嘴巴管住，不能将客户和自己的商业秘密守口如瓶，而是随意地分享给他人，就等于我们赤手空拳和别人的枪炮作战，最终的结局只能是输给对手。

所以，无论是分享人脉资源，还是分享信息的时候，我们都一定要看清对方是谁，如果手中的信息不是商业机密，并且可以对外分享，那我们就去分享。当然分享还得看清对象，值得信赖的人才分享，如果是竞争对手，那我们还是不要分享了。分享的前提是双方共赢，如果只是一方赢了，另外一方受到更大的创伤，那么分享就毫无意义。

6. 要分享不要“贪污犯”

好东西每个人都想拥有，但是当好东西很少的时候，我们要懂得分享，如果“吃独食”，吃掉的不是好东西，而是人脉、财富、命运。

什么是好东西呢？财富、面子、荣耀、知识等都是好东西，人人都喜欢，但是很多时候，这些东西不仅仅是个人获得的，更是通过团队合作取得的，比如荣誉，它可能是个人获得，但个人只是代表，背后是一个强大的团队在支持。如果我们不懂分享，将这个荣誉全部归于自己就是“吃独食”，就是“贪污犯”行为，必将遭到团队的唾弃，因为你的抢功就是对团队其他成员付出的抹杀，大家心里能痛快吗？即使有些人嘴上不说，心头也是不好受的，他们在日后的工作中很可能不会再支持你，甚至想尽一切办法制造障碍来阻碍你成功、拖你的后腿，最终你再也获得不了荣誉。所以，懂得分享，就是对团队每个人付出的一种肯定，大家会很感激，觉得你有情有义，会更加支持你，帮助你成功。

> 后汉隐帝时，大将郭威曾任枢密副使。他带兵平定了以李守贞为首的三镇割据之后，回到了京都大梁。
>
> 郭威入朝拜帝，皇上对他的战功表示极大的认可，对他进行嘉奖，赐给很多金帛、衣服、玉带等，但是郭威都一一拒绝了，他说："为臣领命以来，仅仅攻克了一座城池，有什么功劳可言呢？况且我又领兵在外，而镇守京城，供应所需，使前方不缺粮草，这些都是朝中大臣的功劳啊！"
>
> 后来，后汉隐帝又提出加封郭威地方藩镇，郭威还是不受："宰相位在臣上，未曾分封藩镇，还有节度使也有功劳。"
>
> 后汉隐帝越发觉得郭威淡泊名利，十分难得，打算再次赏赐他，郭威第三次推辞道："运筹策划，出于朝廷；发兵供粮，来源藩镇；冲锋陷阵，出于将士。功独归臣，臣何以堪之！"

郭威反复推辞，将功劳归于大家，这其实是一种很明智的做法。他这样做，不仅免遭上下左右的妒忌中伤，而且在朝廷中留下了好名声，真是"桃李不言，下自成蹊"。同样，当你因为在工作中有特别表现而受到领导肯定的时候，千万不要做荣誉的"贪污犯"，独享荣誉，而要将功劳分享给对你有帮助的，或者是没有帮助的人，否则可能给你带来人际关系上的危机，让你在职场上步履维艰。

不仅取得荣誉时需要分享给大家，当你获得知识的时候更应该学会分享。知识是我们每个人进步的阶梯，当我们拥有了知识的时候要分享给那些对知识有需求的人，其中，我们的高端人脉也是对知识有需求的人之一，通过分享知识可以建立人脉。

多年之前，还没有“知识电商”“付费阅读”这种说法。一次偶然的机会让我认识了一位身家丰厚的老板，在闲聊中他告诉我：“我觉得我年纪大了，之前学的知识都落伍了，急需学习新的知识来补充我的知识血液。可是我每天很忙，能够抽出学习的时间极少极少，读一本书时，其实往往最核心最重点的知识都融入了全书，只有将整本书读完才能领悟，我根本没有这样多的时间！如果有谁能够将书中核心的、对我有用的知识点进行提炼，并以简明扼要的方式告诉我，这对我来说也是一种学习！”他的这句话提醒了我。于是，在接下来的半年时间里，我将他喜欢的书读完之后，对书中一些重要的东西做了标注，而且我做了笔记，他有空的话可以针对书中标注的重点内容进行阅读，他没空或者时间有限的话，我争取在半小时内将他喜欢阅读的书的核心内容告诉他，这样节省了他很多时间。后来，他邀请他的几个企业家朋友加入进来形成了一个读书会，后来读书会的成员越来越多。读书会的形式持续了多年，后来我们又组建了微信群。当大家有时间的时候我们在线下组织读书会，当大家没有时间或者时间有限的话就在微信群中进行知识分享。我们在分享中获得知识的同时，也获得了友谊，在我后来的事业上给了我很大的帮助。

后来，有一天，一位企业家朋友分享给我的事情很有意思，他告诉我他以“知识贪污犯”对几名员工和中层领导进行了惩罚。我问怎么回事。他说：“为了提高全体员工的工作技能，我专门派了几名员工到国外深造，希望回国之后能够将所学的知识分享给全体员工，好让大家一起提高。当我无意间在网上看到完整的授课视频的时候我很生气，他们的确是分享了，可是分享不全面，掐头去尾，甚至有所保留，我能不生气吗？我花重金派他们去学习，不是让他们回来当‘知识贪污犯’的，所以我狠狠地惩罚了他们！”我也表示支持这位企业家的做法。

知识能够加速我们前进的脚步，但是如果我们不学会分享知识，认为自己学到的东西就是属于自己的，那么，强大的仅仅是个人，而不是一个团队。个人的力量永远是有限的，强大的团队才能天下无敌。

知识在工作中成为展现自我价值的工具，我们只有分享知识才能让大家一起进步，全员都得到提高。

汽车公司的普通组装员工李欣，因为是普通员工，她的知识面还很窄，所以她在工作之余不仅从网上学习，还买了不少的书本来学习汽车零部件制造知识。她学到的知识很快在实践中得到了应用，她与其他员工相比成长更迅速，并能更准确地说出零部件的优劣，所以她的工作效率是其他员工的好几倍。这引起了领导的重视，很快将她提拔为组装组的组长，此时与她打交道的人主要是部门的经理。

后来，为了提高自己组的组装技能，她将这些知识分享给团队的每个人，结果自己团队的业绩是其他团队的好几倍。后来，领导让李欣管理整个组装部门，成为生产部门。此时，与李欣打交道的不仅有销售部门的经理、技术部门的经理，甚至还有总经理、总裁等人。

现在李欣也在抓紧学习关于汽车的更高深的知识，希望将来分享给团队的员工，让大家一起进步。

可见，个人知识的多少制约着与我们相处的人脉层次的高低。只有我们自己拥有丰富的知识，才能接触到更高端的人脉。当然，仅仅自己拥有丰富的知识还不够，还需要让我们的团队也拥有丰富的知识，要想达到这一目的，就需要我们不断学习、不断分享。

独乐乐不如众乐乐，懂得分享才能建立一支强大的团队。即使你一个人强大了，如果其他人的水平很低也不行，因为最终衡量整体水平是以大家的共同水平为标准，而不会以某一个优秀的人为标准。所以，只有分享知识、共同提高，个人的水平才会提高。

第五章

风趣幽默 做个能给高端人脉带来快乐的人

微笑是你的第一张名片

高端人脉其实很在乎你的态度

你的快乐不要建立在别人的痛苦之上

让幽默成为化解尴尬的“润滑剂”

你的段子是否能够解决你的问题

做一个低调而有内涵的人

1. 微笑是你的第一张名片

微笑是世界上最美好的表情，给自己一个微笑，是面对一切如意或者不如意时的坦然；留一个微笑给别人，是千言万语都难以包含的真善美。每个人都喜欢看到微笑的表情，尤其是当我们与别人第一次见面时，这时彼此还不是很了解，只能通过表情来简单了解，微笑的表情能够让对方感觉到亲切，愿意进一步与你交流；而面对那些苦闷的表情，别人只会想尽快远离你。有时候人与人之间不需要过多的言语来交流，只需要一个甜美的微笑，彼此就会心领神会。真诚的微笑是无价之宝，是走向彼此内心的通行证。拥有微笑，阳光会不请自来，人脉会不请自来，财富也会不请自来。

真诚的微笑是内心真正愉悦和快乐的外在表达，是发自内心的、是可以打动人心的，也最容易赢得别人的好感，别人也愿意与你建立深度的人际关系。

微笑就是我们最好的名片。但是在微笑的时候一定要注意以下几点：

● 不要为了微笑而微笑

很多人为了微笑而微笑，使得微笑很虚伪，皮笑肉不笑，让人不敢靠近。真诚的微笑是发自内心的喜悦，所以，当我们与我们的高端人脉见面的时候，应该要发自内心地微笑，而不要强装微笑。

● 微笑绝对不是大笑

生活中的压力让很多人变得不会微笑，甚至，我们经常看到很多人笑的时候张开嘴大笑，而且不分场合地点。微笑是迷人的，但大笑有时却会吓着别人。

● 微笑的牙齿要干净

微笑的时候只需要露出四颗门牙，但是，我们一定要保持这四颗门牙干净，如果不干净会影响对方对我们的印象。

微笑是生活中重要的调味剂，没有了它，我们的生活就会失去味道。微笑也是自信的体现，微笑久了就会成为一种习惯，会渗透到身体的每个细胞，就会变成一种自信的气质，这种气质能够给我们带来更多的好运气，让那些渴望轻松愉悦的人不断向我们靠近，别人就会像需要温暖的太阳、新鲜的空气一般离不开我们，我们的人脉对我们也会产生更多的依赖。微笑并不是为了讨好别人，而是为了让自己更有亲和力、更自信、更有气质。向陌生人微笑，我们可能与陌生人成为朋友；向身边的人微笑，他们也会给我们更多的回报。这样一来，不仅有助于我们获取更多的人脉，更有助于整个世界的和谐与美好。

科特雷是一家创业公司的老板，虽然生意做得不是很大，可是脾气却很大，每天板着个脸，从来看不到笑容。每天在办公室就是批评员工，回到家就是责怪妻子、责骂孩子。这使得他的员工每天躲着他，妻子和孩子也不愿去理睬他。可是，科特雷从来没有从自身找原因，总是觉得自己之所以批评是因为他们做错了事情。

本来公司属于创业型公司，员工不稳定，客源又少，科特雷如此反复无常，使得不少员工选择了离职。凡是在电话里谈得很好的客户，只要与科特雷见面之后单子必黄无疑，他身边的朋友也越来越少，这让原本压力就很大的他，一度患上了抑郁症。

一次偶然的机会，他遇到了自己的大学同学，这位同学从事的是心理咨询工作。两人没有聊几句，科特雷就拿出了批评人的架势打算批评自己的大学同学，没有想到这位心理专家先下手为强，狠狠将科特雷批评了一通。心理专家说："你知道为什么目前会出现你说的这种情况吗？就是因为你不懂得宽容，更不懂得微笑，总是板着一副哭脸谁喜欢看啊！我告诉你，你以后不改改，你一辈子都完了！"一向喜欢批评人的科特雷有些蒙了，他顿时变得有些结巴："怎么……怎么改啊？"心理专家说："每天学会微笑，对你的员工微笑，对你的妻子微笑，对你的孩子微笑，对你的客户微笑。在办公室微笑，在电梯里微笑，在公车上微笑……"

科特雷有些懊悔地说："我和我妻子结婚十多年了，很少对她微笑，甚至连说话都很少。"

科特雷觉得自己的同学说得对，因此他决心改变自己目前的这种态度。于是每天起床他都对着镜子对自己说："我很开心，我要微笑。""我微笑，我自信。"当他看到妻子做好的热腾腾的早餐便微笑着说："谢谢你，亲爱的！"妻子顿时有些蒙了，惊诧万分。"从此之后，你会习惯我这种态度的。"

到了办公室，科特雷微笑着向大家宣布了一件事情："今天下午早下班两小时，大家一起聚餐，谁都不许走哦！我请客！"在这次聚餐上科特雷就像变了一个人，一改往日的死板，与大家打成一片。员工们都很诧异。"今后你们会习惯我这种态度的。"

对于自己已经得罪的那些客户，科特雷有的打电话道了歉，有些见面沟通并道歉，他并非想挽回这些客户，只是想：既然自己错了，就应该让客户知道真相。于是，每见一个客户他都会把自己与那位心理专家的对话原原本本告诉客户，没有想到他的真诚竟赢得了客户的好感，使得不景气的公司开始红火起来。

微笑是一种社交礼仪，更是一个人品行修养的体现。它展示了一个人心灵的美与丑，也表达了他对别人友善或好恶的程度。当我们对别人微笑的时候，可以融化对方的戒备心理，拉近彼此的心理距离，使得双方的沟通顺畅无阻。

雯心学的是企业管理专业，可是她却很难找到对口的工作。后来，她不得不降低标准，只要待遇可以接受的工作她都愿意干。果真有效，她接到了很多面试通知。一次面试时，同时坐在面试官面前的有十位应聘者，当雯心听到面试官说："雯心，我们需要的是本科学历，但我看你是专科学历啊！"虽然雯心心里有些发慌，但她还是很镇定地说："对，是专科！"没想到，雯心却被录取了，其他面试的都没有被录取。在人事部报到的时候，人事经理问："雯心，你知道你学历不符合我们的要求，但为什么最终被录取吗？"雯心摇摇头。人事经理说："因为你的笑容很甜美，很容易打动别人！"本来雯心应聘的是业务员，可是最终被分到了前台。虽然雯心心里有点不爽，可这毕竟也是一份工作啊！就这样她开始了工作。半年之后，人事经理找到雯心并告诉她："总裁需要一位形象好、笑容甜美的助理，她觉得你很合适，点名要你去做她的助理！"总裁助理说白了就是总裁的心腹。雯心做了总裁的助理之后待遇各方面都翻倍，这是她没有想到的。

爱笑的人运气都不会差，比如雯心，从一个工作都难以找到的女孩子，在短短半年的时间成为总裁的助理。总裁的助理意味着什么？不仅是总裁的心腹，很多总裁的助理最终都进入了公司的核心管理层，相信雯心也不例外。她的成功依靠的是什么？就是她那甜美的微笑。

所以，无论是工作学习，还是在日常生活中，我们不仅要善于发现身边的美丽、聆听身边的欢声笑语，更应该懂得微笑，因为它是打通人际关系最强大的秘密“武器”。

2. 高端人脉其实很在乎你的态度

我们在给身边的人带去快乐的同时，他们也在考察我们的态度。如果我们的态度好，高端人脉就很可能在我们有需求的时候帮助我们；如果态度不好，那么无论我们怎么求助，高端人脉都很可能不愿意帮助我们。态度，在有的人眼中一文不值，但在另一些人眼中它却决定了一切，甚至很多人认为，一个态度好的人才能有发展前途。因此，当我们与高端人脉相处时，一定要注意态度，不可我行我素。

那么，高端人脉看中的是我们的什么态度呢？

● 积极进取的态度

无论是在工作中还是生活中，如果我们总是抱着一种散漫、不求上进的态度，高端人脉怎么会愿意帮助我们呢？不要觉得自己可以在高端人脉面前装得很有进取心，有些气质、有些思想是装不出来的，真正的积极进取态度渗透在骨髓，它是从内而外散发的一种气质，这种气质凸显在每个人的言谈举止、精神面貌上，久经沙场的高端人脉只要看一眼就知道了，伪装是不起任何作用的。

● 谦虚谨慎的态度

无论我们目前取得了多大的成绩，都要保持谦虚谨慎的态度，无论是在平时生活中还是面对高端人脉时，都应该如此。在平时生活中，谦虚谨慎是对自己负责任的一种态度；在高端人脉面前保持谦虚谨慎，是虚心接受、真心请教、获取帮助的最大诚意。如果在这个时候把握不住自己，忘乎所以，只能让自己失去大好机会。

● **懂得尊重他人的态度**

尊重别人就是尊重自己。我们经常会看到有些人人前一套背后一套，对于那些帮助过他的人，他转过身也会说别人的坏话，这种人就不懂得尊重别人。不懂得尊重别人的人是不可能赢得他人的第二次帮助的。

当一个人在工作中抱怨的时候，也许并不是真的遇到不公平待遇了，很有可能是工作态度有问题。当一个人抱怨自己的生活是多么艰辛的时候，并非有人给他添堵了，而是他面对生活的态度不够认真、严谨。

我朋友的儿子小陈在自己的公司干得不是很顺心，希望能够换到一个好的单位。于是，我将一个开公司的老总介绍给他，希望他们能够聊一聊，最好是我的这位朋友能够给小陈在自己的公司谋个好的职位。

我跟公司老总沟通好之后，让小陈直接去找他。由于是熟人介绍，他们两人见面之后很快就熟悉起来。

小陈见到我的朋友，很直接地抱怨道："我现在的职位在公司是最低的，老板也不把我放在眼里，我想好了，如果他不给我升职加薪我立马辞职。我希望在你这里能够找一份不受气的工作。"

我的朋友问："我先问你几个问题。"

小陈说："你问吧。"

我朋友问道："你是不是已经将公司的整个业务流程全部搞清楚了？"

小陈说："还没有。"

我朋友又问："你工作的时候是不是已经得心应手了？"

小陈似乎有一肚子的怨气："糟糕透顶了，我觉得我的所有事情都乱七八糟，没有一个头绪。老板看不起我，我都没有心情工作了！"

我朋友继续说："我有一个妙招可以让你出出气。你自己先安静下来，认真把工作整理出个头绪；再把所有工作的业务流程都搞明白；然后再干几笔大的业务；最后潇洒地对你的老板说：'这些事情不是我不会做，而是我不愿意做罢了！'最后这样离开总比自己灰溜溜走了有面子吧？并且对原公司的损失更大，到时候就该你的老板求着你了。这样是不是很解气啊？"

小陈一听很有道理，再也没有提在我朋友公司找工作的想法，此刻，他心中只有"复仇"之后的快感。

从那之后，小陈回到公司认真熟悉工作的每个环节，还经常主动加班，因为他要干几笔大业务，然后理直气壮地离开这个让他痛恨的公司，还有那个让他痛恨的老板。

一年之后，我的朋友无意间遇到了小陈，便问他："你将你的老板炒了没有？还打不打算来我的公司啊？"

小陈笑道："我本来是打算那么做的，可是后来我的业绩越来越好，我的老板对我的态度也变了，还给我升职加薪了，我现在舍不得离开了！"

我的朋友笑道："这一切都在我的预料之中啊！开始老板之所以不重视你，就是因为你的工作态度不端正。后来你的态度转变了，你为了'报复'老板，主动工作、熟练工作以后，业绩自然上去了，老板还担心自己被你炒掉呢！所以嘛，无论干什么事情都应该端正态度，提升自我价值，对吧？"

小陈连连点头，表示认可。

这样的案例我们经常遇到：当工作不顺心了，职位低、工资低，没有人出手帮助提拔自己的时候，总是抱怨这个抱怨那个，从来没有从自身找过原因。其实，很多时候并非别人有问题，而是我们的工作态度出现了问题。如果工作不努力，总是抱着混日子的态度，怎么可能将工作干好呢？公司是以效益说话的，如果你的态度出现了问题，没有为公司创造更多的利润，公司会给你加薪吗？如果在工作中总是体现不了自己的价值，怎么会有人来提拔你呢？因此，无论工作还是生活中出现了问题，首先要做的就是反省自己的态度，而不是推卸责任。

后来，我与我朋友见了面，聊起小陈的事情，朋友说："小陈和一年前相比成熟稳重了很多，更谦虚谨慎了，也懂得尊重别人了。当初小陈来找我的时候，显得一副趾高气扬的样子，坐在我面前跷着二郎腿，还有几次想将脚搭在我的办公桌上。他自己没有将工作做好，但在他看来这是一件光荣的事情，甚至觉得这样可以将自己老板气着，这样他才开心。说实在的，如果不是你介绍来的，我估计会将他赶出去。太不懂得谦虚了，即使熟人也要尊重吧！再说我与他是第一次见面，还不算是熟人，如果我将他弄到我公司，我也会感到很难管理。我不得不采取让他'复仇'的办法，先让他认识到自己的态度有问题。如我所料，他现在的工作态度有了很大的转变！"

可见，态度完全可以改变一个人的命运。如果我们在工作中能够保持积极进取的态度，工作就会干得风生水起；如果我们在人际交往中保持谦虚谨慎、尊重他人的态度，那么也就能赢得更多的人脉。因此，我们需要时常反省自己的态度，认真对待一切，只有这样我们的生命才能大放异彩。

3. 你的快乐不要建立在别人的痛苦之上

村里有个叫李亮的青年，妻子刚与他结婚5个月就为他生了一个小孩，这让他很兴奋，在孩子满月的时候准备大张旗鼓好好庆祝一下。不久，街坊邻居、亲戚朋友都来祝贺，各自带来了能够代表自己心意的礼物。在这些朋友中有一个叫大牛，他也带来了自己的礼物——纸和笔。李亮很感谢大牛，便顺口说了一句："小孩太小，学识字还早得很哪！"

"不早！"大牛说，"您的小孩太性急。本该10个月后才出生，可他偏偏5个月就出生了。说不定再过5个月他就会上学了，所以，我得提前准备好纸和笔。"

大牛这句话说完，其他人都哄然大笑，李亮顿时无地自容，从此再也不与大牛来往了。

开玩笑没有错，因为玩笑是生活中的调味剂，能够给大家带来开心和快乐。陌生人之间的一个玩笑可以瞬间拉近彼此的距离；甚至如果两个人之间有隔阂，也许一个玩笑，能让彼此之间的所有隔阂云消雾散。但是开玩笑的时候要注意分寸，不能拿别人的隐私开玩笑，更不能拿别人的短处开玩笑。金无足赤，人无完人，每个人都有缺点，并且不希望别人用这些缺点来开玩笑。我们在谈笑之间一定要注意避开别人忌讳的东西。如果不分场合地用别人的缺点或者短处开玩笑，不但遭人冷眼，甚至可能引发冲突。这种人必定不会拥有好的人脉。

因此，我们在开玩笑的时候，一定要避免揭别人的短处或者痛处，需要注意以下几点：

● **不要揭露别人的丑陋之处**

相信每个人都有爱美之心，假使上天赐予了我们丑陋的面容，我们很可能从内心感到自卑，同时也不希望被别人提及，如果这时候偏偏有人用这种缺陷来取乐，就会对我们造成很大的伤害，从而造成彼此间很深的矛盾。

● **不要揭露别人的失意之处**

每个人在一生中都会有顺风顺水的时候，也有遇到坎坷与挫折等不如意的时候。人心都是肉长的，都是情感动物，难免在不如意的时候会感到失落、绝望、萎靡不振，但是迈过这道坎就是对昨天的埋葬。如果别人总是提及对方的昨天，总是揭对方的伤疤，只能让对方更痛苦，或者感觉到受辱。

● **不要提及别人的痛悔之处**

人无完人，其实每一个人在不同的年龄段都有可能做出让自己后悔莫及的事情，对此，当事人本身就很懊悔，如果这时候其他人再将他懊悔的事情拿出来开玩笑，只能让其产生芒刺在背、无地自容的感觉。

可见，开玩笑可以，但是一定要避开以上几点。总之，我们不能将自己的快乐建立在别人的痛苦之上。

我们的生活中不能缺少欢乐，这需要能够创造欢乐的人。那些懂得开玩笑、懂得幽默的人可以给我们的生活带来很多的欢乐。这些人在与陌生人打交道的过程中也可以通过分享幽默，在短时间内获得陌生人的好感，拉近彼此的距离。但是，如果我们不懂得开玩笑的分寸，随意将别人的缺点、痛处、短处拿出来作为笑料的“引子”，不仅会得罪人，甚至会造成不堪的悲剧。

晚上，王某与几个朋友在一起喝酒，一会儿工夫大家都喝高了，不知怎么一个朋友对王某开起了玩笑：“你看你的熊样，长得歪瓜裂枣，但你的儿子却长得挺帅气，你回家问问你老婆看是不是你的种！”本来是句玩笑话，但王某却是一个小心眼，他牢牢记在了心里。一进门他就将搂着儿子熟睡的妻子从床上拽起来问：“我的孩子为啥长得和我不像？是不是他不是我亲生的？”妻子一头雾水，王某伸手将熟睡的儿子也提了起来。妻子看丈夫发酒疯，担心伤着孩子，于是将其一把搂进自己怀中。王某看妻子和自己抢孩子，伸手紧紧抓住孩子的小腿，将小孩扔到了床上，又扑过去抓住枕头捂在孩子的脸上。孩子哇哇大哭。王某冲着妻子大吼道：“告诉我，这到底是谁的孩子？你不说我就弄死他。”妻子吓得也大哭起来：“你简直疯了，你简直疯了！快放开孩子！”妻子伸手拽王某，王某一摔，妻子倒在屋子角落，王某使劲压着枕头，挣扎激烈的孩子顿时没有了哭声。妻子着急了，爬起来去推王某，王某一脚把妻子踹倒在地板上。妻子爬起来冲进厨房，拿着平底锅出来，使劲砸在王某的脑门上，王某从床上翻了下去。妻子扑过去一把掀开枕头，发现孩子的脸憋得发紫，已经奄奄一息，再看丈夫从床上翻下去的时候，脑门刚好碰在了凳子角上，鲜血直流，一动不动，妻子顿时吓傻了。

这就是一个玩笑引发的悲剧，好好的一个家庭顿时毁于一旦。可见，我们开玩笑的时候一定要考虑一下后果，如果口无遮拦，虽然在开玩笑者本人看来是无伤大雅的小事情，但是听者有意，对别人来说就是大问题。因此，开玩笑一定要谨慎，不可信口开河，否则会让自己后悔莫及。

有一次，我们到一家公司签一份合同，看到老板龙飞凤舞的签名，我看了半天也没有看清楚，多亏我知道这位老板的名字，于是我说：“张总，你的字太潇洒、太气派了！”老板刚要开口说谦虚的话，但被坐在老板身边的女助理抢了话："我们老板的字能不气派吗？为了写好字他暗地里苦练了三个多月，况且只有名字这两个字写得漂亮，让他多写半个字就露馅了！"顿时我与老板都很尴尬，女助理可能觉得自己说错了话，顿时也不说话了。为了打破僵局，我赶紧说："可见，王总对我们的合作很重视啊！"我伸手与老板握手，老板才从尴尬中解脱出来。

可见，开玩笑应注意的问题很多，不能拿别人的忌讳来开玩笑；另外，开玩笑还应该注意场合，应该看针对的对象是谁。就像这名女助理在我这个陌生人（至少我与他的老板不是很熟悉，只是单纯的业务上的往来）面前开老板的玩笑就是很犯忌讳的事情，只能让老板觉得没有面子。因此，开玩笑需要谨慎、需要三思，否则后果会很严重。

4. 让幽默成为化解尴尬的"润滑剂"

我们无论是在工作、学习还是生活中，无时无刻不在与人接触，只要与人接触就难免会产生一些小尴尬，让我们不知所措，让沟通陷入僵局。此时，如果一方懂得恰到好处地运用诙谐幽默的语言，让大家大笑一场，就会使得原本尴尬的局面显得轻松愉快，大家又可以继续进一步沟通了。同时，使用幽默语言的人也会得到大家的认可与赞同，也为他赢得好人脉。

幽默语言的作用是巨大的，它能够让一个人的魅力倍增。我们经常看到一些人外表靓丽，但总是一本正经的样子，更不懂得使用幽默的话语，让人感觉这个人缺少亲和力，于是，无论其外表形象多么好，人们也不愿意去靠近；相反，有一些人懂得随时随地运用幽默的语言，这让很多人觉得这个人很有意思、很有亲和力，愿意与其交往。尤其是对于我们的高端人脉，他们每天都很忙，要见很多人、谈很多事，可能平时要面对很多空话、套话，这不仅让自己的身体累，其实心更累，如果他们能在我们这里听到诙谐幽默的玩笑话，可以将烦恼与疲累一扫而光，那么会让我们的关系更进一步。另外，一般来说，懂得幽默的人心胸都比较豁达，具有强大的宽容心，这样一来他们的人脉自然会越来越多。

我们在使用幽默语言的时候，要注意以下两点：

- **让幽默成为化解尴尬的润滑剂**

在说出幽默话语的时候，一定要衡量当时聊天的话题、对象、环境等因素，让你说出的幽默话语能够真正起到化解尴尬的作用；否则你的幽默讲得不合适的话，就白白浪费掉了。

- **不要为了不尴尬反而更尴尬**

我们在想要幽默一下的时候，切记不能挖空心思说了半天，结果发现大家都没有听懂，或者与目前的尴尬毫无关系，甚至更加尴尬了。这样的幽默明显就是失效的。

可见，要想让幽默真正起到化解尴尬的目的，关键是一个字——“巧”，也就是我们在说的时候一定要巧妙，恰到好处，既能够让大家听得懂，以通俗易懂为妙，又说得恰好到“点”上，时间拿捏得准，而且具有一定的笑点。这个笑点可以是“冷”的，也可以是“热”的。“冷”就是与当前沟通的话题相差很大，背道而驰，赢得心里一颤抖，化解尴尬；“热”就是我们在当前沟通的话题上，顺势而为，夸大其词，让人浮想联翩，化解尴尬。比如说“我一人吃饱，全家不饿”，一听就明白是冷幽默，说的是：过独身生活。如果说“戒烟最容易了，我就戒过二百多次”，人们一听就会明白这是热幽默，二百多次是一种夸张的说法，意在说明他自己怎么努力也戒不掉烟瘾！这种说法意思明白，又很滑稽，这就是幽默。

幽默在我们人际交往中的作用是巨大的，尤其是它具有化解尴尬的作用，因此，在很多场合都会被用到。

德国著名的霍夫曼将军有一次到慕尼黑去视察军队，慕尼黑的军官俱乐部在当晚举行宴会，欢迎他的到来。在大家举杯喝完酒后，一个中士服务员来给将军斟酒，由于紧张和激动，中士居然一下子把酒洒到将军的秃头上去了。当时，在场的军官和士兵都十分紧张，不知道将军将如何大发雷霆来惩罚那个可怜的中士。中士也吓得脸都白了，脸上不由得流下了一道道汗水。这时，只见霍夫曼将军拿出口袋里的手帕，擦了擦脑袋，笑着说："小伙子，我这脑袋已经秃了二十年了，你这个方法我也用过的，谢谢你。可还是得告诉你，根本不管用！"就在大家一阵哄笑声中，那个中士也终于恢复了平静，他感激地向将军敬了个礼，流着眼泪退了下去。这时，大厅里响起了一片热烈的掌声……上司的一句幽默的话，不仅给自己的出丑找了一个完美的"借口"，更让那个被吓得魂飞魄散的中士走出了尴尬、害怕与自责，最重要的是，上司的幽默融化了全场冻住的心，给大家带来了无限的快乐。

霍夫曼将军的幽默不仅化解了尴尬，也让他的部下缓解了紧张的心情，同时还彰显了霍夫曼将军的宽宏大量，赢得了大家的掌声。如果将军不懂得幽默，狠狠将部下批评一通，只能让现场的气氛更加紧张。

幽默是一个人生活的智慧，是一种积极乐观地面对人生的态度。这种人在面对挫折的时候总是能够以豁达的心态来面对，但豁达不是放弃，而是执着坚持，不达目的不罢休的自信。幽默是看透人生的同时依然对人生充满希望和信心后的期许；幽默就是磁铁，我们的幽默能够吸引更多的人围绕在我们身边，让我们拥有更多的朋友和更好的人脉，让生活变得更加丰富多彩。幽默是人际关系的润滑剂，学会恰当地运用幽默，会让人际交往变得更加通畅，沟通也更加顺利。

素有“巴蜀鬼才”之称的魏明伦到台湾做文化访问时，在音乐家许博允的牵线搭桥之下与闻名海内外的台湾奇才李敖相见了。

李敖欲尽地主之谊，赶紧上前说：“欢迎魏先生，我是李敖！”

许博允说：“你们两位都是鬼才，这次见面，真可说是‘鬼’撞‘鬼’了，哈哈！”

魏明伦赶紧说：“不敢当不敢当，李敖先生是大巫，我是小巫，今天是小巫见大巫。”

李敖说：“巫山在四川，魏先生从四川来，大巫自当是魏先生。”

许博允打趣李敖与魏明伦是鬼撞鬼，而魏明伦更正说是小巫见大巫，这样，魏明伦既回应了许博允的打趣，又表达了自谦，可谓一举两得。而李敖出言也相当俏皮，他以魏明伦来自四川的缘故，谦称大巫自当是魏先生。可见，这三人都是有文采的人，通过这些文字游戏的幽默，既让见面的陌生感荡然无存，更表达了各自的谦虚，增进了彼此的信任。

幽默是一种语言沟通方式，也是生活中离不开的调味剂，它能够让我们生活中原本的酸甜苦辣变得更美味可口，能够让我们更加有力量。我们每个人都是幽默的承载者，更是幽默的持有者。幽默不是多么难得的事情，如果我们以平和的心态去面对生活中的一切，幽默就会信手拈来。幽默不仅可以化解人与人之间的尴尬和不愉快，懂得幽默更会让我们有魅力，让我们更加受欢迎，所以，每个人都应该学会幽默。

5. 你的段子是否能够解决你的问题

我们都知道，风趣幽默不仅能够化解我们在人际交往中遇到的尴尬，还可以增进情感与信任，同时也能够活跃气氛。段子作为风趣幽默语言体系中的一种，也同样具有这种功效。所以，学会说段子在我们的人际交往中也很重要。有时候我们说好了段子可以解决问题，但是有时候我们所说的段子仅仅是个段子而已，对我们解决问题起不到帮助的作用。这就需要我们在说段子之前思考自己的目的是什么，是化解矛盾还是化解尴尬、活跃气氛？总之，说出来的段子要能够解决我们所遇到的问题，不要为了说段子而说段子。

有一位顾客到一家饭店吃饭，点了一只油焖龙虾。结果菜上来后，他发现盘中的龙虾少了一只虾螯，于是就询问服务员。服务员无法解释，只好找来了饭店经理。

饭店经理很抱歉地说："真对不起先生，龙虾是一种残忍的动物。您点的龙虾可能是在和它的同伴打架时被咬掉了一只螯。"

顾客巧妙地说："那么，就请给我调换一只打胜的龙虾吧。"

上面这个案例是为了解决矛盾而说的段子。如果在这个时候没有恰如其分的段子，可能会将事情越闹越大，不可收拾。正是由于说对了段子，不仅挽回了彼此的尊严和面子，同时也为问题的解决找到了突破口，更让彼此赢得了信任，从而建立了更好的人际关系。

可见，在某些场景中，风趣幽默的段子能够给人们带来很多精神乐趣，使得在场的人心情变得更加愉悦。尤其，在面临困境或者尴尬的局面时，一个恰如其分的段子就能够化解各种危机。

有时候我们其实知道接下来会遇到很尴尬的事情，如果能够在前面做好铺垫，当尴尬的事情来临的时候就不显得那么尴尬，甚至别人会对你竖起大拇指。

有一天下午，陈欣楠约客户一起吃饭，希望彼此之间能够尽快达成合作。由于聊得开心，大家都多喝了一些酒。可是在吃饭的时候陈欣楠的爱人总是不停地打电话催丈夫回家，陈欣楠告诉爱人自己正在与客户吃饭，会晚点回家，可是他的爱人依然让他立马回家。后来，陈欣楠不得不将电话调为静音，继续喝酒。

那天，陈欣楠喝高了，他的客户非要送他回家不可，虽然陈欣楠拒绝了，但是客户依然不放心他一个人回家，坚持要送他回家。陈欣楠之所以不让客户送自己就是因为考虑到自己的爱人。他的爱人性子比较急，不仅经常对陈欣楠语言暴力，更会进行肢体暴力，让陈欣楠在家没有一点尊严。尤其，在陈欣楠每次喝完酒回家进门之后，等待他的就是一盆凉水。如果让客户看到了多没有面子啊！这就是陈欣楠拒绝客户送自己回家的理由。但是，客户很坚决，陈欣楠只好答应了。

当走到楼下的时候，陈欣楠从包里掏出雨伞递给客户："一会儿有大暴雨，你先准备好！"客户抬头看了看天空，一片晴朗，以为陈欣楠在说酒话。

当陈欣楠敲家门的时候，他又从客户的手中夺过雨伞打开递给客户："拿着，我在前面走，你撑好伞走后面，不能让暴雨淋湿你！"

正当客户疑惑的时候，门开了，紧接着一盆凉水泼了出来，正好浇在陈欣楠的身上，从头到脚。陈欣楠摸了一把脸上的凉水笑着转身说："大暴雨够大吧！还好你带伞啦！"

客户也被陈欣楠的幽默逗笑了。后来，他们成为了好朋友，有了更多的合作。

正是陈欣楠在前面做了很幽默的铺垫，让客户在遭遇尴尬的时候并没有觉得尴尬，反而觉得陈欣楠很幽默风趣。反之，如果陈欣楠在明明知道自己会遭遇什么的时候，不做任何的铺垫，当面临这件事情的时候，会给彼此都带来极大的尴尬。

前段时间我们公司有几个着急的项目需要做，于是我不得不让员工加班。我知道员工都很累，可是没有办法啊！这天下班之后，一个员工刚子过来告诉我，说他想请我和部门的人一起吃饭，我问其原因，他说没有目的，只是单纯地吃饭。我想最近大家都很累，不如一起吃饭来放松一下，便答应了。

在饭局上大家喝得尽兴，不知道说到了什么话题，其他几个员工非得让刚子讲个段子不可，因为他一直是办公室的开心果。刚子皱皱眉，为难了半天，最后答应给大家讲一个：

据说上帝创造了驴子，并且告诉它："你必须从早到晚超负荷地工作，给你四十年的寿命怎么样？"驴子说："既然如此累，我可不想活那么久！"于是，上帝给了驴子二十年的寿命。

上帝创造了狗，便对狗说："你作为人类的守护者，晚上你就不能睡觉，给你二十年的寿命，怎么样？"狗沮丧地说："这样折磨我让我活那么久干什么？"于是，上帝给了狗十年的寿命。

上帝创造了鸡，便对鸡说："你作为人类的闹钟，必须起得特别早，给你十年的寿命怎么样？"鸡哭道："还是让我少活点吧！"于是，上帝给了鸡七年的寿命。

上帝创造了人类，便问："你是一切智慧的化身，让你活五十年怎么样？"人类不高兴了："那太少了，怎么也得活个八九十年吧！"于是，上帝怒了："你个王八蛋，你太贪心了吧，你难道要活成千年龟啊！"

刚子的段子用抑扬顿挫的声调来讲，让在场的人哈哈大笑一场，包括我在内。

后来有一天，我将这个幽默的段子讲给我其他的朋友听，我的朋友回了一句："合起来不就是起得比鸡早，睡得比狗晚，干得比驴多吗？"顿时，我明白刚子为啥讲那个段子了，原来是对加班的抗议。后来，为了鼓舞士气，我没有让员工再加班。

有的人提意见很直接，让别人接受不了；但有的人说话却很委婉，委婉得让你感觉不到他真实的意图。同时，也有些人用很幽默的段子不仅提出了问题，还能够让大家在愉悦的氛围中接受。有的人觉得采用段子、幽默很难，有的人觉得很容易。其实，说简单也很简单，只要平时积累，善于联想，段子就在嘴边。懂得使用幽默的段子，不仅能够让一个人的魅力倍增，也会让一个人的人脉资源倍增。

6. 做一个低调而有内涵的人

很多高端人脉都是经过一路披荆斩棘才取得今天的地位和成绩。这一路经过很多的事情，也遇到很多的人，可谓见多识广，积累了丰富的知识和经验。这时他们再面对别人的时候不需要过多地交流，只要看一眼就能够对对方有一个大概的了解，而且八九不离十。所以，当面对高端人脉的时候，我们无疑成了一个透明人。因此，我们在高端人脉面前就不要装高大上，尽量保持真实的自己，低调而有内涵是最基本的。

我曾经与很多高端人脉有过交流，他们最讨厌的几种人差不多是这样的：

- **本事不大，脾气特大**
- **班门弄斧，不懂装懂**
- **高傲自大，目空一切**
- **过度包装，迷失自我**
- **严肃死板，不懂幽默**

因此，当我们面对高端人脉的时候，无论是有求于人家，还是想与其建立良好的关系，最基本的一点就是要懂得摆正自己的心态，真心实意地面对对方，这样他会觉得你能够听进去他的话，他才愿意说，你才能赢得他的好感；相反，如果不懂得摆正心态，在高端人脉面前高傲自大、目空一切，必然会引起他的反感，这样一来他就不会将自己的经验告诉你，更不会去帮助你，这可能会让你在人际交往的过程中阻力重重。

现实生活中有很多人，之所以在人际交往的道路上碰得头破血流，最主要的原因就是不懂得低调为人，总觉得将自己的身价抬高才会得到别人的认同。其实，这样做只会适得其反，让人产生厌恶。适时地放低姿态并非一种卑微的表现，而是为人处世中的交际智慧，唯有以低调的姿态去面对我们的高端人脉，才能吸引更多的高端人脉。

安妮当年在高中时由于出色的成绩收到了哈佛大学、伦敦大学、哥伦比亚大学等五六家全世界知名大学的录取通知书，最终安妮选择了哈佛大学。学业完成之后，安妮决定回国发展，在她看来，自己拿着世界著名大学的毕业证书，肯定能够找到一份高于国内大学毕业生工资待遇的工作。

安妮满怀自信开始了自己的求职之路，其实，一开始安妮并没有上心找工作，她相信自己有世界著名大学毕业证书，无论哪家公司都能够看中自己，关键看自己是否愿意留下来而已。可是，一个月过去了，安妮也面试了好几十家公司，几乎没有一家公司有录用安妮的意思，这多少让她有些意外，更有些失望。

于是，她重新出发继续找工作。半个月过去了，依然没有找到工作，安妮不得不从自身找原因了。安妮发现很多公司并不看重自己的学历，而是看重自己有没有工作经验，入职后是否能够立马投入工作中为企业带来经济效益。而安妮只有学历没有任何工作经验，这样的拒绝让安妮颇受打击。

其中，安妮对一个领导的拒绝表示抗议的时候说："再怎么说我也是哈佛大学毕业的，就凭这个证书我都足够胜任这份工作了！"领导毫不客气地说道："不要觉得你有一个牛 × 的毕业证书，你就牛 × 了！"

安妮欲哭无泪，她痛定思痛之后，决定转变思路再进行求职。安妮将自己重新定位为一个高中生，在工资与待遇上几乎没有要求。

这样安妮很快找到了一份工作，负责程序输入。虽然对安妮来说是大材小用，但是安妮吸取教训，低调做人，每天非常卖力地工作着。

这天公司的一个程序出现了问题，使得公司刚刚进口的设备陷入瘫痪，要想维修必须从国外请专家，来回机票费用、维修费用、吃住费用算下来是一笔不小的开销。公司领导既不想开销如此大，又没有更好的办法，急得团团转。此刻，安妮自告奋勇说自己可以试试。没有想到安妮不费吹灰之力竟然修好了设备，这让公司的领导惊讶不已，安妮才说了自己是大学学历。

领导为了让安妮的才能得以充分发挥，将她调到了技术能力要求更高的岗位，待遇等各方面都有了很大提高。由于接触到了公司更高端、更核心的技术，安妮发现了更多的技术漏洞。于是，她针对这些问题进行研究、分析、弥补，让企业避免了遭受更大的损失。老板不相信仅凭一个本科生就可以完成如此高难度的技术，在老板的追问之下，安妮告诉了老板自己的真实学历。后来，领导重新调整岗位，将安妮安排到企业最核心的部门。

身处职场一定要摆正自己的位置，放低姿态、低调为人。同样的道理，在人际交往中，更应该放低姿态，这样才能赢得他人的好感、吸引他人的关注。否则，把自己摆得高高在上，不懂得低调为人，就很难为自己打造出理想的人际关系。

我认识的一个好朋友，最近为了孩子的就业愁得要命，便请我帮忙。虽然我所在的公司还在招人，但是依照他孩子的性格未必能够录取，再说我也不便直接干涉公司的人事招聘。于是，我便约我们公司的人事负责人王经理与我的这位朋友一起吃饭，顺便还邀请了其他几位朋友，希望在饭局上我的这位朋友能够直接向王经理提出请求。可是，不知道我这位朋友是忘记了自己请客的目的还是喝高了把握不住自己，他一手端起杯子，拍着胸脯高声说道："大家放心喝，我的人脉很广，以后大家有事尽管说，没有我办不到的事情！"说完之后大家面面相觑，显得有些尴尬。我赶紧端起酒杯打圆场："肯定喝高了，见谅，见谅！来，来，敬王经理一杯！"我之所以往王经理跟前引话，意思是让我的这位老朋友借敬酒的机会提出自己的请求，免得一会儿真喝高了误事。

可见，当我们与别人相处的时候，无论自己多厉害，都一定要懂得隐藏自己的锋芒，懂得放低姿态、低调为人，不要总觉得自己有能耐。其实，在你交际的人脉圈子中有更多比你更厉害的人，只是他们懂得放低姿态，不显山不露水罢了。如果做人太高调、锋芒太露，就容易对别人造成威胁，很难赢得别人的好感，高端人脉自然也不会向你靠近，更不会去帮助你。因此，在人际交往中一定要懂得低调，这样才能与高端人脉和谐相处。

第六章 保持正能量 让你拥有更多高端人脉

有一套专业的介绍自己的方式

自信，让别人觉得你更踏实靠谱

用阳光照亮别人内心的阴暗

说话就是要给人欢喜、希望、力量、方便

抬高别人，让对方感受到价值感

拥有能够给大家带来正能量的资源

1. 有一套专业的介绍自己的方式

我们在与他人交往的过程中，进行自我介绍是不可避免的，而且也是很关键的一个环节。如果在介绍的过程中能够给对方留下深刻的印象，我们很可能就多了一位朋友。否则，对方就像从来没有认识我们这个人一般，那么，我们与他们的交往也就成为了无效社交。

如何在自我介绍的过程中，给对方留下深刻的印象呢？

● 简单明了，突出核心

我们在自我介绍的时候，尽量简单明了，不要啰唆一大堆，这样反而不容易让大家记住你。最好能够在 1 ~ 2 分钟内完成自我介绍；另外，还得突出核心，这不仅需要根据面对的人的需求而定，还得根据自身的优势而定。

● 独特、有趣地介绍自己

我们经常见到的自我介绍方式都很简单、很普通，似乎没有什么吸引力，对方也不会记住。因此，我们需要创造一种新的自我介绍方式，这种方式不仅要符合自身的特点和优势，而且独特有趣，这样就很容易让别人记住你。

● 千万不要比惨

在很多电视选秀节目中，选手经常在自我介绍的过程中将自己的家庭说得一个比一个惨，感动得观众和评委一把鼻涕一把泪。于是，很多人就模仿这些选手，这样做的话就大错特错了。首先一般的自我介绍不是选秀，我们的介绍需要的是真诚；另外，我们也没有那么多的时间去煽情。所以，比惨只能让人生厌。

● **借助身体语言让自我介绍显得活泼一些**

很多人在自我介绍的过程中过于严肃，就如开追悼会一般，让人觉得很难受。为了避免这种现象的出现，最好在自我介绍的过程中加入自己的身体语言并与之配合起来，这样就不会显得那么死板了。但是要记住，身体语言的动作不应该过大，否则就是手舞足蹈了，显得不够成熟稳重。

● **在自我介绍之后记得用结束语**

在自我介绍完毕之后，一定要懂得使用结束语。如果我们不使用结束语，给对方造成的感觉是你还有话要说，让对方充满期待地等着，这样就很尴尬。当你自我介绍完之后一定要说“谢谢”“请多关照”等结束语。

● **自我介绍的过程中要充满自信**

为了加深印象，我们在自我介绍的过程中，一定要很自信地去介绍自己。如果底气不足，有气无力，我们必然会遭到对方的轻视，他们也不会与我们交朋友。

● **在介绍中传递正能量**

我们在自我介绍的过程中要多用积极向上的词语，千万不要用充满负能量的词语，这样很容易导致对方对你充满警惕或者远离，因为大家都希望与充满活力与自信的人交往。因此，我们在自我介绍的过程中尽量给对方留下积极、充满正能量的印象，这样对方才愿意与你深交。

如果我们参加一个活动，刚好遇到一个想认识的人，那么，我们的自我介绍一定要简短，不要太啰嗦，比如，“张总好，我叫王凯，目前负责一家互联网公司，希望今后我们能够有合作的地方”，说到这里就可以了。很多老板总想借着自我介绍的机会将自己的业务推荐给对方，于是就啰嗦了一大堆，引起对方的厌烦。如果真想加上自己的业务介绍也不是不可以，但是一定要将自己的业务内容整理好词句，尽量一句话说完，而且是用对方能够听得懂的语言，切忌用太过专业的术语。如果业务介绍太详细必然占用时间太久，影响对方开展其他工作；如果用太过专业的对方根本听不懂的术语，你介绍得再多也是白搭。因此，在自我介绍之前，一定要根据自身的特点及情况，创造一套独特有趣的自我介绍用语，这样就很容易抓住对方的心。

如果我们登台介绍自己，而且没有时间限定，那么，在自我介绍的过程中，一定要善于自嘲，这样显得更亲切、有趣，容易让大家记住你。比如，我国著名的相声表演艺术家马三立，他登台的介绍就别具一格：

> 我叫马三立。三立，立起来，被人打倒；立起来，又被人打倒；最后，又立起来——但愿不要再被打倒。我这个名字叫得不对：祸也因它，福也因它。
>
> 我今年85岁，体重86斤。明年我86岁，体重85斤。
>
> 我很瘦，但没有病。从小到大，从大到老，体重没有超过100斤。
>
> 现在，我脚往后踢，可以踢到自己的屁股蛋儿，还能做几个下蹲。向前弯腰，还可以够着自己的脚。头发黑白各一半。牙好，还能吃黄瓜、生胡萝卜，别的老头儿、老太太很羡慕我。
>
> 我们终于赶上了好年头。托共产党的福，托三中全会的福。我不说了，事情在那儿明摆着，会说的不如会看的。没有三中全会，我肯定还在北闸口农村劳动。
>
> 其实，种田并非坏事，只是我肩不能担、手不能提。生产队长说：马三立，拉车不行，割麦也不行，挖沟更不行。要不，你到场上去，帮帮妇女们干点儿什么，轰轰鸡什么的……惨啦，连个妇女也不如。

也别说，有时候也有点儿用。生产队开个大会，人总到不齐。队长在喇叭上宣布：今晚开大会，会前由马三立说一段单口相声。立马，人就齐了。

马三立老先生通过独特的介绍方式，不仅将自己介绍得很清楚，而且采用调侃的语言，让自己的形象特点更加明显，让大家忍俊不禁，这就是懂得自我介绍所产生的魅力。

我还看到很多人善于以故事为开头介绍自己，比如：

织女和牛郎的故事我相信大家并不陌生，可是大家知道牛郎和织女的后传吗？据说在四十多年前的一天，赶着牛群回家的牛郎遭遇了一场大暴雨，牛郎无处躲藏，幸好被一户人家收留了，留在家里躲雨。这户人家以织布为生，他家有一个女儿，牛郎对织女一见钟情。他们突破重重障碍走到了一起，后来织女怀上了孩子。牛郎知道自己很丑，希望生的孩子能够帅气，于是，在孩子还没有出生之前就给孩子起好了名字——牛俊，可惜的是在牛俊出生的一瞬间，脸着地，变成了牛不俊，这就是今天站在台上的我，希望大家喜欢我，谢谢！

自我介绍的方式有千千万，但是一定要记住一条，就是你自我介绍的最终效果要给人力量。如果自我介绍不能达到这种效果，不仅会让自己的心情不好，也会让听你介绍的人心里感到压抑，甚至可能认为你是一个爱抱怨、心胸狭窄的人。可见，我们在自我介绍的过程中一定要根据自己的实际情况及特点，创造属于自己个性的介绍方式，另外，在语言组织过程中尽量充满正能量，这样你才能赢得人脉。

2. 自信，让别人觉得你更踏实靠谱

一个人在人际交往中必须要有自信，尤其当我们与高端人脉交往的时候更需要自信，但现实中很多人遇到高端人脉的时候就觉得低人一等，唯唯诺诺，连说话都没有力气了。虽然有时候可能是自谦，但很多时候会让高端人脉认为我们能力不足。很多高端人脉的成功就是因为自信。只有拥有自信，我们每天才能有足够的精气神去工作；只有拥有自信，还不够强大的我们才能够不卑不亢地去面对比我们更强大的人，并能赢得比我们强大的人的尊重；只有拥有自信，我们才能够在事业上获得成功。可见，自信对我们每个人的意义都是重大的，高端人脉也喜欢与自信的人交往。

现实生活中很多人碌碌无为、一事无成，都是因为没有自信造成的。即使一些人比别人强，但是由于缺乏自信，最终让自己失去了优势；还有一些人因为缺乏自信，导致自己性格懦弱，在别人眼中便失去了价值。每个人都有优缺点，我们应该正确面对。俗话说：撑死胆大的，饿死胆小的。如果我们不自信，就会胆小，就可能会被饿死。相反，那些自信的人，胆子也会变得越来越大，无论是精神、财富，还是人脉等都会变得越来越强大。

每个人都需要自信，在培养自信的过程中我们应该切记：

● 自信不是盲信

以自信的态度与人相处，不妄自菲薄，也不盲目自大，多发现别人的长处，能够赞美和欣赏别人的优点，那么，在这种交往的情境、气氛与过程中你会得到一种对自我的肯定，同时获得别人对你的接受与认同，从而进一步提高自信。

● 自信是一种生活态度

不是说当自己遇到困难或者与人交往的时候才应该自信，我们随时随地

都应该拥有自信，让自信成为我们的一种生活态度，时间久了自信就会渗透到我们的骨髓，再由内而外，让整个人的气质也随之发生变化。自信、不卑不亢的人在人群中是会发光的，无论多远的人都会被吸引过来。

一个自信的人能够让自己的工作更出色，一个自信的人更容易赢得别人的尊重，自信就是一个人的精神支柱，有了它我们才能够直立行走、快步奔跑、所向披靡。

在世界音乐指挥家大赛中，一位指挥家登上了表演台，在他登台之前评委给了他一张乐谱，让他按照这张乐谱指挥。他站在赛场中央，做好了比赛的一切准备，并且全身心投入指挥之中。

正当这位音乐家沉浸在美妙的音符之中的时候，他突然发现在这个乐谱中出现了一点不和谐的声音。最初他认为可能是演奏错误。于是，他便指挥乐队停下来，又演奏了一次。但这次他依然觉得演奏得不是很顺畅，在他的潜意识中认为一定是乐谱的问题。但又一想，在场的都是著名的作曲家以及有着极高权威的评委会成员，不可能犯下如此低级的错误，乐谱不可能出现问题。因此，面对数百名国际音乐界的权威人士，这位音乐指挥家认为一定是自己的错觉，并对自己的判断产生了动摇之心。

不过，这位音乐指挥家很快便坚定自己的判断是正确的，一定是乐谱出现了问题，想到这些，音乐指挥家便按照他纠正之后正确的乐谱进行指挥，结果演奏的声音很完美，不和谐的声音荡然无存。指挥结束，他鞠躬感谢，并且大声说道："对不起，我手中的乐谱有问题！"

这位音乐指挥家刚说完这话，整个评委团都站了起来，为他鼓掌，并宣布他获得了这次大赛的冠军。

原来，评委们为了增加大赛的难度故意将乐谱改错，目的就是考验指挥家在指挥演奏的过程中能否发现错误；如果发现了错误，在权威人士面前是否能坚持自己的判断。因为对于音乐界人士来说，只有具备自信的素质，并且在权威人士面前敢于否定权威，才能成为一流的音乐指挥家。

如果一个人不具备自信，随波逐流、人云亦云，那么他就不可能成为一个成功的人。正如这位音乐指挥家，当他发现乐谱中的错误，但不能确定的时候，通过演奏核实，最终很自信地确定确实是乐谱的错误。他不仅将正确的表演呈现给了大家，而且将自己的判断告诉了评委，正是这种自信让他成为当之无愧的音乐指挥家。

有一次，我参加一个企业家培训课程，台上为我们授课的老师都是全世界知名的企业家，台下是200名在我国有影响力的中小企业家。此刻，老师拿出了两张纸，一张黑色，一张白色。他先拿出黑色的纸，高高举起问："你们看到了什么？"只看到黑纸中间有一个白点。很多企业家朋友想说黑纸中间有个白点，可是一想，自己都是有身份、有思想的企业家，老师不可能问如此白痴的问题，肯定有更深层次的问题。很多人这么一想，都改变了主意。于是，答案就丰富了，"抓大放小""无论环境多么糟糕始终保持自己的洁白""前途虽然不明朗，但心中一定要明朗！"……接着老师又拿出另外一张白纸，只见白纸中间有一个黑点，于是企业家朋友便说："盯紧目标，任重道远""企业就要有填补空白的决心""信守承诺，如板上钉钉"……最后，老师说道："其实，没有那么复杂的答案，这就是黑纸上面一个白点，白纸上面一个黑点，仅此而已。我想说明的就是任何时候我们都要自信，相信自己的判断，不要随波逐流。今天坐在这里的企业家都是成功的企业家，你们的哪次成功离开自信了呢？……”

无论在什么场合，唯有自信的人，才能成功，才会拥有强大的人脉圈子。只有拥有自信，一个人在面对别人的时候才能不卑不亢、令人信服。每个人都可以自信，但并不是每个人都可以做到自信。很多时候，在人际交往中，我们看到比自己强大的人时，很容易变得不自信，甚至自卑，这样是不会赢得别人的赏识的，他们只会远离你，你的人脉圈子也会变得越来越窄。在人际交往中，自信是开启人脉之门的钥匙，更是扩展人脉的通行证。可以说拥有自信的人，便等于拥有了人脉。因此，我们要克服自卑心态、提升自信，只有如此才能拓展更多的高端人脉。

3. 用阳光照亮别人内心的阴暗

我们之所以能够与高端人脉有密切的关系，是因为我们首先具备了价值。其实每个人身上都有独特的闪光点，无可替代。每个人都应该找到自己的闪光点，并且对其进行呵护和培养，让这些闪光点成为自己人格魅力的一部分，并且利用自己的闪光点去影响别人，让别人也乐观开朗起来，这样一来，这个世界就会充满和谐与温暖。

阳光心态就是我们的闪光点之一，同时这也是很多高端人脉所喜欢的。阳光心态不是装出来的，它是发自内心的开朗豁达、坦荡、积极与包容，拥有这种心态的人，无论遇到什么困难，都不会轻易被击倒，而是能够坦然看待、积极面对，他们从不抱怨，更不怨天尤人。在人际交往中拥有这种心态的人，能够吸引更多的目光，是提高自身价值的一种体现。拥有阳光心态的人，不仅自己的心时刻是温暖的，也可以将他人阴暗的内心照射得更加明亮。

山中有一寺院，虽然没有值钱的东西，可是隔三岔五总有小偷光顾。这天晚上，月光皎洁，老禅师难以入睡，便在院子里散步。正巧他遇到了小偷，老禅师没有惊动他，而是站在门口等待。当小偷没有找到值钱的东西准备离开时，反身看到了站在门口的老禅师，小偷突然紧张起来。老禅师不慌不忙说道："你走老远的山路来探望我，总不能让你空手而归吧！"说着便脱下自己身上的衣服披在小偷的身上，说道，"夜里凉，你就带这件衣服走吧！"

小偷有些惭愧，低着头赶紧溜走。老禅师望着小偷的背影说："可怜的孩子啊！但愿我能送你一轮明月，照亮你回家的路！"

第二天，温暖的阳光照射到了寺院，老禅师起床推开门，看到自己昨晚披在小偷身上的衣服被整齐地叠好放在门口，老禅师很高兴，自语道："我终于送了他一轮明月……"从此之后，寺院再也没有小偷光顾。

我们每个人都会犯错，犯错后不仅要懂得认错、改错，更要做到不能再次犯错。这不仅需要犯错的人吸取自己犯错的教训，更应该有能够重新面对生活的勇气。这种勇气不仅要自己给自己，更需要那些受害者来给予。如果我们能够原谅他人的错误，并且能够给对方改过自新的勇气，对对方来说就是重生的动力。老禅师给小偷的不仅是衣服，还有原谅，更有重新做人的勇气，他给的不仅是"一轮明月"，更是一种重生的阳光心态。

人生在世不可能事事顺意，遇到磕磕碰碰是最正常不过的事情。但是，如果只是抱怨这种事情不该发生在自己身上，我们只能变得消沉、悲观、绝望，甚至对生活失去信心。这不仅是对自己的摧残，同时也是对身边那些关心自己、爱护自己的人的一种伤害。

当你在工作中受到了上司的批评，你会情绪低落；当你在生活中遭受到别人的误会时，你会感到气愤和委屈；当你失去亲人朋友时，你会悲痛至极；当你在仕途中遇到不顺时，你会怨天尤人、工作消极。我们只有保持阳光的心态，才能积极且正确地处理以上所提到的这些困难。

因此，我们要以阳光的心态去面对生活中的挫折，这样才能让我们化悲痛为力量；以阳光的心态去面对生活中的坎坷，这样才能以冷静的思维快速找到解决问题的方案；以阳光的心态去面对他人的误解，这样才能磨炼出自己大海一样的心胸，塑造出天空一般高远的格局……

拥有阳光的心态改变的不仅是自己的命运，也可能是别人的命运，同时彼此之间也可以互相成就。

我当年在工作中业绩特别突出，深受领导的器重。后来，公司在北京成立了分公司，我也顺理成章地成为分公司的负责人。在分公司，我的各方面待遇都不错，免费提供住房与车辆。由于我没有考驾照，于是车一直停在车库中。此时，分公司的市场需要我带领团队来开发，难度很大。

某天，有一位客户打电话约我去他们公司签合同，可是当我到了他们公司，他却临时压低价格，最终合同没有签成。我的心情很糟糕。到楼下的时候，看到楼下停着一辆破旧的出租车，我钻了进去。我告诉了他公司的地址，小汽车启动了。

司机可能看到我心情不好，便问："兄弟，遇到啥难事了？"

我看了一眼笑容满脸的司机，没有回答。

司机打开了车载音响，车里响起了欢快的歌曲，此刻，我才发现虽然开车的是男人，但车内一尘不染，而且香喷喷的，但不是喷香水了，而是车内四周挂了几个薰衣草袋子，我不由自主地说："真香啊！"

司机笑道："我家门口有个花卉市场，不小心折断的花瓣都扔掉了，我觉得可惜都捡回来，晒干装入袋子挂在车里，这样我闻着开心，我的客人闻着也开心。"

我问："你开这辆车多少年了？"

司机笑道："有十多年啦！"

我问："生意不好吧，现在车那么多！"

司机笑道："这得看谁干这活儿了，勤快一点，养活家庭绝对没有问题；懒惰一点，估计连油钱也挣不到！"

我说："你的心态很阳光啊！我经常坐车，很多司机总是怨声载道！"

司机笑道："不是我心态阳光，无论怎么样，人都得活下去。抱怨得活下去，不抱怨也得活下去，既然如此，还不如不抱怨的好。人抱怨多了，老得快！"

我也笑了："看来你不仅是好司机，更是哲学家！"

司机笑道："不愿做哲学家的司机不是好司机！"

面对司机的幽默我也笑了："很多司机都说私家车越来越多，自己的客源越来越少了！"

司机依然笑着说："我不觉得，人要知足，更要想得开，就像你刚才说的，要有阳光心态，心态好运气就来。我的客户很多，经常固定坐我车的有二三百人，如果他们用车给我电话我就去接送。我的乘客一个接一个，刚才我也是送一个乘客到这里，他刚下车，你就上车了！"

与司机这样一聊天，我郁闷的心情顿时一扫而空了。下车的时候我特地要了司机的电话，说以后要车的时候再叫他。后来，我坐了几次他的车，当有天他说自己打算退休的时候，我问他愿意不愿意做我的司机，他笑了。后来，每天坐他的车出去办事，我的心情都是愉悦的，他总能够让我忘掉一切烦恼，我在生意上也有了快速的发展。

一个人要想让自己的人脉圈变得精彩，就需要借助自身的闪光点，去为自己聚敛人气。只有通过你自身的光环，让自己成为人脉网中与众不同之人，才能吸引到人们的关注。同时，只有利用自身的优点去照亮他人，你才能收获丰厚的回报。

4. 说话就是要给人欢喜、希望、力量、方便

在现在的社会，口才越来越成为社交能力的体现，好的口才不仅能够准确到位地传达信息，还能够赢得好人脉。口才不仅是一种语言表达，更是一个人修养与魅力的体现。好的口才，不仅可以化干戈为玉帛，还可以让仇人变成朋友，更可以改变人生。可见，说话与我们的生活密切相关。

懂得说话的人，无论到什么地方都能够受到大家的欢迎，他们能够让陌生人瞬间变成朋友；能够帮助别人排忧解难，抚平别人心灵的伤痛，让绝望者鼓起重新生活的勇气；还能够让那些厌世的人，微笑迎接新的未来。

在现实生活中，虽然我们都拥有说话沟通的能力，但是很多人说出来的话，不仅没有起到鼓励别人的作用，反而会对别人造成更大的伤害，这是为什么呢？主要存在以下几点问题：

- **只顾着自己爽，从来不顾及他人的感受**

很多人在说话的时候，从来不考虑对方是否能够接受，只要自己说着爽

就直接飙出来，这样会对别人的心灵造成很大的伤害，人们当然不愿意与这样的人有过多的接触。

● 不懂得赞美，只有挑剔

每个人都喜欢听到赞美的话，赞美能够改变一个人的人生。可是现实中，很多人本身并不完美，却看不到自己的缺点，总是对别人挑三拣四，最终把自己的人际关系弄得越来越僵。所以，只有懂得赞美，你才能拥有好人脉。

● 说话不经过大脑，好话也变得刺耳

有些话语比刀更厉害，能够深深地刺伤一个人的心。因此，我们在说话的时候一定要经过大脑，也就是说话的时候要三思：哪些话应该说，哪些话不应该说，该说的话怎么说才能既悦耳又能起到鼓舞的作用。思考好了再说，否则好话也会变得很难听。

在现在的社会，说话的能力已经成为衡量一个人能否成功的标准。会说话不仅能够让自己在工作、学习、生活中处处受益，顺风顺水，心想事成，而且，当自己陷入困局的时候，好的口才也能够让自己化险为夷，使得自己在人际交往中左右逢源。在竞争激烈的社会，单枪匹马难以成气候，唯有合作才能有大发展。可是如果我们的口才不好，如何说服别人与你合作？如何说服投资人将真金白银砸在你的面前？在职场中如果不懂得如何说话，怎么能够引起上司的注意？谈判就是一场无硝烟的战争，如果没有好的口才，怎么能够争取到自己的利益呢？

有一个人为了庆祝自己的生日，特地将自己最好的四个朋友邀请到家中吃饭。其他三个人都到了，只剩下一个好朋友迟迟不到。主人有些着急了，不禁脱口而出：“哎呀，急死人啦！该来的怎么还没来呢？”其中一个朋友不高兴了，说：“你说该来的还没来，意思就是我们是不该来的，那我告辞了，再见！”说完就气冲冲地走了。

主人看到自己总共邀请了四个最好的朋友，一个还没有来，另外一个又被自己的不当言论气走了，便自责道："真是的，不该走的却走了。"现在只剩下两个朋友了，其中一个听到主人说这话便说："照你这么讲，该走的是我们啦！好，我走。"说完，掉头就走了。又把一个人气走了。主人急得如热锅上的蚂蚁，不知所措。最后剩下的这一个朋友交情较深，就劝主人说："朋友都被你气走了，你说话应该留意一下。"主人很无奈地说："他们全都误会我了，我根本不是说他们。"最后这朋友听了，再也按捺不住，脸色大变道："什么！你不是说他们，那就是说我啦！莫名其妙，有什么了不起。"说完，铁青着脸走了。从此，四个人再也不与他交往了。

这就是不会说话的典型案例。主人盛情邀请肯定没有恶意，但是因为不会说话，让原本的善意变成了恶意。星云大师曾经说过，说话就是要给人欢喜、希望、力量、方便，否则就不要说。但这位主人似乎这几点都没有做到，因此只能导致朋友一个个离开。

我们要想拓展人脉资源，就应该提高说话的艺术水平。好的语言表达是人际交往中不可或缺的元素，只有提高说话的艺术水平，才能拥有成为成功人士必备的能力。

有一次我去外地参加活动，有一位素未谋面的朋友总是给我打电话，说我到了他的城市就一定要请我吃饭。我拒绝了，一是我参加活动抽不开身，另外，我与他好像从来没有见过面，万一遇到骗子怎么办。可是，这位朋友反复在电话中强调自己是谁谁谁，虽然名字听起来有些耳熟，但我还是不想见。他在电话中说要请客吃饭来感谢我，弄得我一头雾水，我们从未谋面，我也没有帮助过他，为什么突然要感谢我？后来，由于参加活动时间安排得比较满，他打几次电话我都拒绝了。当活动结束的时候，一个参加活动的朋友，开玩笑地对我说："你现在混牛了，就看不起别人了，连人家反复邀请的饭局都拒绝了！"我问："怎么回事？"他告诉我："他也是我的好朋友，他就想请你吃饭，当面感谢你！"我说："无功不受禄，我怎么能随便吃别人的饭呢？"他说："你还是去吧，到时候你就明白了！"后来，我们终于见面了。他很兴奋地介绍了自己，并且拿出了自己最新出版的作品送给我。他说："我就想感谢你，记得当年第一次写东西的时候，我多次投稿都石沉大海，只有你给我写了将近五千字的对稿子的意见和建议，让我很感动。后来，我们还通过电话，你在电话中鼓励我，只要热爱就不要放弃，总有成功的一天，在你的鼓励之下我已经出版好几本作品了！"这似乎是多年前的事情了，我早已经忘记了，可是他还记得。那天我们不仅聊得很开心，喝得也很开心，后来，我们成为了很好的朋友，我隔三岔五地去他那里蹭酒喝，谁让他如今成了知名作家呢？

说话的水平不仅影响着自己更影响着别人，因此，我们必须提高说话的水平，掌握说话的技巧。要么不说话，一旦说话就要给人欢喜、希望、力量、方便。如果我们的话带给别人的是消极的东西，那么不仅可能毁掉自己，更可能毁掉别人。

当然，每个人并非天生就是语言高手，并非每句话都能带给别人正能量，但是我们可以不断练习，逐步提高自己的语言表达能力，当有一天你能够完全掌控语言表达艺术，能够给自己，给别人带来巨大的正能量，那时候，也许我们就成了人际交往的高手，而你的人脉就会蜂拥而至。

5. 抬高别人，让对方感受到价值感

当我们与高端人脉相处的时候，千万不要觉得他们不需要别人的赞美，其实，无论一个人的身份、地位有多高，他都喜欢被赞美，都喜欢被戴高帽子。因为高帽子不仅是对一个人能力的肯定，更是对他的价值的认同。也许有的人还没有达到与高帽子同等的价值或能力，但是，当别人这样称赞他的时候，他也会非常开心。

因此，我们要学会适当抬高别人，赞美别人，给别人戴高帽子。尤其是在我们有求于人的时候，更应该懂得夸赞别人，这样有助于赢得对方的认可，与其建立信任，这样他才会竭尽全力给予你帮助。

但是，我们在给别人戴高帽子的时候，需要注意以下几个问题：

● **帽子的高低应该因人而异**

每个人的身份地位不同，修养也有高低，因此，我们在给别人戴帽子的时候一定要因人而异。有的人适合戴 50 厘米的高帽子，有的人适合戴 100 厘米的高帽子，如果给适合 50 厘米高帽子的人戴上 100 厘米的高帽子，不仅不适合对方，甚至让对方觉得你在讽刺他，只能达到适得其反的效果。

● **帮助对方证实高帽子的价值**

仅仅给对方戴高帽子还不够，为了让对方确信自己配得上这顶高帽子，我们还需要以谦虚谨慎的态度、低调温和的姿态对待对方，这样对方才会很愿意帮助你解决问题。

我们以抬高别人的价值和身份的方式与高端人脉交流的时候，一定要有真诚的态度，不能嘴上真诚，内心却充满了嘲笑，这样很容易不小心说出真话，最后导致双方翻脸，到那时你再想要挽回很困难了。

有一家纺织厂生产出来的纺织品合格率很低，老板很生气，责

令工程师尽快想出解决的办法，否则就让他滚蛋。工程师很着急，但依然找不到解决的办法。后来，他听说该市另外一家纺织厂新上了两条流水线，生产出来的产品合格率很高，而且产品质量相当不错，深受广大消费者的喜欢。这让工程师的眼前一亮，他决定去拜访这个纺织厂的厂长，希望能够从他那里得到一定的经验或者技术。

正如这位工程师所料，当厂长听说工程师是来学习经验和技术的便立刻拒绝了，谁让同行是冤家呢？工程师很失望地回到了自己的工厂。

回来之后，工程师越想越着急，他觉得目前只有竞争对手的技术能够拯救自己的厂子，他不想放弃。于是，他琢磨该以什么样的方式去说服厂长，让其将经验告诉自己。他了解到这位厂长之前在全面质量管理上做过很多研究，这似乎是很好的突破口，从突破口进入再旁敲侧击学点技术回来。

工程师再次去拜访那家纺织厂的厂长，这次他没有提技术的事情，而是以很低调的态度、谦虚学习的心态，与这位厂长就纺织研究方面进行探讨。虽然这位厂长有了戒心，但是工程师给厂长戴的高帽子，让厂长放松了警惕。

工程师说："日本自从20世纪60年代推出全面质量管理以来，取得了非常丰硕的成果。听说您在全面质量管理上是专家，我早就想向您请教了！"

厂长一听工程师不是为了技术而来，而是在聊管理，便说："我可不是专家，只不过我在省内搞全面质量管理搞得比较早而已。"厂长的脸上露出了笑容，"你有啥不懂的可以问我！"

"您的时间宝贵，我可不敢随便打扰。这样吧！您能不能向我推荐一些这方面的专著和文章啊！让我对全面质量管理有所了解。"

工程师拿出了笔和纸，一副很认真的样子。

厂长看工程师如此有诚意，两人便就全面质量管理方面聊了起来，而且越聊越投机。厂长不仅介绍了一些专著，还详细地介绍了这些专著的特点。然后厂长就自己对全面质量管理方面的经验聊了很多，其中聊到了自己新上的流水线的优势、特点及机械技术方面的问题，这正是工程师所需要的。

厂长平时想与自己的员工聊这些，可是员工不想听，他们觉得只要你指挥好我往前冲就可以了，厂长第一次与人聊得如此开心。

后来，工程师和厂长成为了好朋友，他们经常去对方的家里做客。

工程师的问题最终顺利地解决了，这缘于他的会说话。他给厂长戴上了一顶高帽子，让厂长在兴奋中无意间透露出工程师最关心的技术问题。如果工程师的目的太明确，就像第一次那样直奔主题，只能让对方产生戒心，但是工程师在受挫之后立刻转变了思路，从别的方向找到了新的突破口，不仅给厂长戴上了高帽子，而且所聊的话题正中厂长下怀，使得厂长很开心地与他畅聊。

有位青年想请一位老者帮助自己办一件事情，可是，当青年约见这位老者的时候，对方总说自己很忙，这让青年很着急。这天青年又给老者打了电话，老者说他在外面，青年又多问了一句在哪里，老者说自己在法源寺。青年说距离自己很近，现在就过去找他。老者犹豫了一下还是答应了。

青年与老者见了面，并且一起上了香。正当青年还在想在这个地方说自己的请求是否合适的时候，老者问："你说弥勒佛为什么对我笑呢？"青年灵机一动说："这是佛见佛笑。"老者听到乐了："哈哈，你这小伙子真会说话！"老者顿时萌生了考考青年的想法，于是，他快走几步到了佛的侧面，弥勒佛正对着青年。老者回头问青年："弥勒佛为什么也对着你笑呢？"青年笑着回应道："他是笑我今生不能成佛啊！"青年巧妙的回答再次让老者哈哈大笑起来。看到他心情很好，青年趁机向其提出了自己的请求。老者立刻答应了："像你这样优秀的青年，这个忙我必须得帮！"

可见，在人际交往中，我们要学会给别人戴高帽子，这样不仅对方高兴，我们也高兴。聊天的氛围好了，心情愉悦了，难办的事情也变得简单了。不要觉得给别人戴高帽子就是品德出现问题，这与品德毫无关系，送高帽子是对他人能力的一种赞美、一种肯定。而且古往今来无数的事实证明，懂得适当地给别人戴高帽子，不仅可以让自己升职加薪，还可以赢得他人的信赖，建立强大的人脉网，何乐而不为呢?

6. 拥有能够给大家带来正能量的资源

作为一个社交高手，不仅要善于拓展人脉，更要懂得给自己的人脉传递更多的正能量。尤其是当与我们的高端人脉相处的时候，无论在任何时候、任何场合，我们都要学会抓住时机，向我们的人脉证明自己的价值，让他们感觉到与你在一起是愉快的、充满动力的、对他们有巨大的帮助的，这样他们才愿意与你深交、愿意帮助你，更愿意将自己身边的资源分享给你。如果我们释放出来的只有负能量，不仅不能为对方带来好处，反而会影响别人的成功，那么，我们的人脉只能对我们提高警惕，甚至远离我们。

因此，我们在与高端人脉相处的时候，需要不断释放正能量。

● 首先自己必须具备正能量

所谓"近朱者赤，近墨者黑"。要想拥有更多的正能量，我们自己本身首先应该具备强大的正能量，这样无论是在工作中还是在学习中我们都会很自信，会充满阳光，形成一种正能量的气质，让别人看到你就想靠近你。

● **积极主动吸引更多的正能量到身边来**

对于人脉资源的发展与管理，除了需要我们首先做好自己，形成自己的人格魅力之外，还要懂得主动吸引，也就是主动去靠近其他的正能量资源，对他们主动出击、主动打招呼、主动结交，如果总是等着别人主动向你靠近，我们将会失去很多机会。

● **懂得对外释放人脉资源的正能量**

当我们拥有更多正能量的人脉资源时，更需要懂得向对方释放这些正能量，这样做不仅能够让我们赢得好口碑、好人脉，也能够体现我们的人脉圈子的价值，同时还能够吸引其他的正能量人脉圈子与自己的人脉圈子融合，让彼此的人脉圈子能量倍增。

我们都生活在社会这个大圈子之中，牵一发而动全身，每个人都与这个大圈子之中的其他人有着千丝万缕的联系，这就需要我们足够重视圈子的能量和气候，并且学会与这些圈子里的人脉好好相处。虽然每个圈子里面人的品质各不相同，但是不能因此就否定整个圈子，这样只能让我们错过很多人脉资源，并且不断封闭自己。其实，任何一个成功人士或懂得社交的高端人脉都明白，他们之所以能够有今天，85% 正是依靠人脉的力量，只有 15% 是依靠自己的专业技能和知识，如果失去了人脉的支持，自己将一事无成。

巴特从他父亲那里接手了一家很小的商店，这家商店在这条街存在的时间太久了，因此附近的人都知道，也经常来这里购买东西。自从巴特接手之后，不再满足于继续这样小范围地经营下去，他希望通过自己的经营将这家商店的生意做得越来越大。

这天早晨，巴特刚打开商店的门，就发现门外躺着一个流浪汉，虽然年纪不大但全身脏兮兮的，而且脸色苍白，好像是生病了。巴特见状立刻上前询问其情况，看是否需要帮助。流浪汉说自己叫格纳，从别的国家来的，本来打算在这里找一份工作，没有想到刚到这座城市就遭到了抢劫，自己的钱包什么的都被抢走了，甚至在争夺的过程中还遭到了暴打。他在这座城市没有亲人，但他记得在他很小的时候，他的父亲给他说过巴特这家商店的名字，于是，他一边乞讨一边前行，经过几天的寻找终于找到了巴特的这家商店。格纳说他现在希望在巴特的帮助之下能够找到自己被抢走的护照，并且希望巴特能够借给他回家的路费。

巴特看到眼前的小伙子如此可怜，而且还是自己老客户的儿子，首先想到的不是准备路费和护照的事情，他觉得格纳需要的是食物和医生。于是，他将格纳请进商店，让格纳简单收拾了一下，给他做了一顿丰盛的美食，在这个过程中巴特给自己做医生的朋友打电话，让他赶紧过来。当格纳吃完饭的时候，巴特的医生朋友赶过来了，帮助格纳检查了身体，发现没有什么大的问题，只是擦伤而已，随后将伤口进行了简单的包扎。

格纳在巴特的家里休息了几天，后来身体完全恢复过来了。格纳便希望巴特帮助自己办理护照等回国相关手续。巴特一直在国内工作，没有出国的经验，更不清楚面对格纳遇到的这种情况应该怎么办。当巴特的一个老客户听到这个消息的时候，自告奋勇地告诉巴特自己的儿子就在出入境管理局工作，完全可以让儿子帮忙。在这位老人的帮助之下，格纳办理好了回国的相关手续，在临走之前，巴特还给了格纳一笔钱，希望他在回国的路上能够一帆风顺。

此后，巴特将这件事情忘得一干二净。多年之后，巴特的商店逐渐在全世界开了连锁店。但是巴特的商店在进军某国市场时遇到了困难，由于这个国家的审核条件非常苛刻，巴特的申请迟迟得不到相关部门的批准。这天，正在烦恼的时候，巴特突然收到了一封异国的来信，来信的人正是多年前自己帮助过的格纳。格纳已经在自己的国家开了几家大公司，他希望巴特能够将生意做到自己的国家来。巴特兴奋不已，这不正是自己梦寐以求的事情吗？自己开连锁商店审批不下来的地方正是格纳所在的国家。于是，两人一拍即合，在格纳的帮助下，巴特的相关手续很快批准下来了，而且巴特与格纳建立了深度合作，使得巴特的连锁商店的名气越来越大。

当格纳遇到困难的时候，巴特竭尽全力用自己的人脉资源帮助了格纳，使得他在异乡不再那么孤单，正是在巴特的帮助之下，格纳的身体很快得到了恢复，而且衣食无忧，并顺利办理好了回国的相关手续。当巴特遇到困难的时候，格纳又动员自己身边的资源，帮助巴特解除了燃眉之急，使得巴特的生意能够遍地开花。真可谓患难见真情。正是因为有了巴特和格纳这样有情有义的人，使得他们的人脉圈子也聚集了一帮这样的人，当一方有困难的时候，人脉圈子里的人都能够对其给予帮助，这样一来，无论多大的困难都是能够被克服的。

关键的一点是，我们要懂得向外释放自己的能量。很多人即使手中有很多有用的资源，但不愿意向别人寻求帮助，最终让自己手中的资源变成了无效资源。舍不得释放善意，只会让自己的人脉圈子不断缩小，自己也逐渐与别人渐行渐远，最终被抛弃。所以，我们要不断激活自己的人脉，让自己及自己的人脉圈子活跃起来，这样才能不断释放自己的能量，才能让自己更容易实现人生目标。

第七章 高远的格局 只有同频才能同路

建立高远的人生格局
只有放长线才可以钓大鱼
高尚与涵养是人生的左膀右臂
不攀缘，而是以宽广的心胸去结缘
遇到任何大事都能够沉着应对
懂得低头，给别人足够的面子

1. 建立高远的人生格局

生活中，我们经常会遇到这样的现象：一些人在生活中遭受一点委屈就斤斤计较、耿耿于怀，甚至一哭二闹三上吊；有的人在工作中由于自己的一点小疏忽导致了失误，就认为自己犯下了滔天大罪，寝食难安，甚至大病一场；有的人听说曾经还不如自己的人如今过得比自己好，顿时心里不平衡，试图制造障碍让别人过得比自己惨……这些都是心胸狭隘的具体表现，其实说穿了就是格局太小。

什么是格局呢？格局就是指一个人的眼光、胸襟、胆识等心理要素的内在布局。

格局太小的人，看的是眼前的利益，总是以自己的利益为出发点，从来不考虑他人的感受，这种人往往发展有限、前途有限，更不可能拓展更多的人脉。

一个人要想成就一份事业，想要有一个长远的发展，就离不开大的格局。这就好像下棋，如果我们只关心眼前这一步棋怎么走，而不考虑接下来三步、五步的棋子怎么走，完全有可能在敌方还没有进攻之前，我们就将自己“卡死”了。但当一个人有大格局的时候，他会以大视角来纵观这个棋局，站得高、看得远，有了统筹全局的高度和运筹帷幄而决胜千里的方略，放长线钓大鱼，最终才能将敌方置于死地。可见，只有拥有大格局才能掌控事情的发展方向，只有拥有大格局才能掌控自己的命运。

有位富豪想测试自己的三个员工的格局到底有多大，于是，分别将他们叫到自己的身边。

富豪对三个员工说："我借给你们一笔钱拿去做生意，你想借多少都可以，三个月之后，你将我借你的钱还我，你赚取的钱归你。"

第一个员工说："那你借我 1000 元吧！"富豪很爽快地给他 1000 元。

第二个员工借走了 5000 元，第三个员工借走了 5 万元。

三个月之后，三个员工如数还了自己借的钱。

富豪又说："我再借给你们一笔钱，多少都可以，这次六个月后还钱，你们赚取的钱归你们。"

第一个员工借了 2000 元，第二个员工借了 8000 元，第三个员工借了 20 万元。

六个月后，三个员工如数还了自己借的钱。

富豪又说："我还可以借给你们一笔钱，多少都可以，这次一年之后还我，你们赚取的钱归你们。"

第一个员工借了 5000 元，第二个员工借了 1 万元，第三个员工借了 100 万元。

一年之后，三个员工都按照约定回来还了钱继续工作，但第三个员工却提出了辞职："感谢老板借我钱，利用你借我的钱和这些年我跟着你学的技术，我已经在外面开了自己的公司，而且经营得很不错，我没有时间和精力继续在您身边工作了，为了不耽误您的工作，我请求辞职！"

富豪点点头笑了，自言自语道："你们的格局我知道了！"

可见，当一个人拥有长远的眼光、宽阔的胸襟、敢想敢干的胆识后，才可能成就属于自己的事业。如果一个人鼠目寸光、畏首畏尾，那么他只能默默无闻、平平淡淡地过一辈子，虽然心中有委屈，也只能强忍着，甚至连反抗的勇气都没有。

有句话说得好，大格局就像从80层楼往下看，眼见的都是美景；而小格局就像从2层楼往下看，满地是垃圾。可见，当一个人没有格局、没有高度的时候，看到的都是鸡毛蒜皮的小事情、小问题，并且会让这些小事情、小问题将自己折磨得精疲力竭。

大格局不仅意味着志存高远、心胸宽阔，更是能屈能伸的精神。人常说，大的格局是被委屈撑大的。没有错，很多时候我们看到的是远方，可是去往远方的路毕竟要从脚下开始，身边那些眼红你的人，也许会制造各种障碍来阻挠你的成功，那么，为了长远的计划和目标，我们不仅要克服当下的困难，更要忍受一些人、一些事以及一些难听的话，否则小不忍则乱大谋，甚至有时候我们还要以微笑来回应他们，这也是大格局成就大事业必须做的事情。当我们拥有大格局时，就会忽略眼前的艰难困苦与流言蜚语，大步走到自己的目标前面，成就自己的人生。

公司招进来两个新的业务人员，经理将这两位新同事领到两位老员工张三与李四面前，告诉他们：“他们两个新人业务不熟练，你们作为他们的师父每人带一个人，尽快让他们熟悉业务。”张三与李四异口同声地答应了经理。

李四先下手为强，为自己挑了一个新员工，剩下的那个员工自然由张三带着。张三心想，既然领导交代我了，就是我的工作，我一定要做好，这不仅是对自己负责，更是对新来的员工负责。于是他对自己的小徒弟很认真地说：“第一天你主要熟悉产品的基本知识，必须记得滚瓜烂熟；第二天你主要听，看我怎么与客户沟通；第三天你自己与客户沟通，我在一边指导你！”并且将一些产品资料递给自己的小徒弟。

李四心想教会徒弟饿死师父，我才不愿意教新来的员工呢！于是，他对自己的小徒弟说：“你先自学吧！”小徒弟有些茫然地坐在一边，不知道该从哪里入手。

一周之后，张三的小徒弟不仅对产品的知识烂熟于心，而且已经约到了客户；而李四的小徒弟对产品基本知识还不熟悉。于是，张三劝李四：“你得赶紧培养你的小徒弟，要不咱们老大会发飙的！”李四说：“师父领进门，修行靠个人！”

有一次，张三上厕所的时候，无意间听到李四对张三的小徒弟说：“不要那么认真，那么拼干吗？再说你的师父教你的未必都是正确的，等你在这个公司待半年你自然而然什么都会了！”虽然张三有些生气，但他什么也没有说，应该教给小徒弟的他毫不保留地教给他。当李四的小徒弟听到与他同时入职的张三的小徒弟已经签单的时候着急了，便前来向张三请教：“我来这么久了，有很多东西不是很懂，你可以教教我吗？”张三将做这个业务的核心东西也告诉了李四的小徒弟。后来，他也偷偷请教了张三多次。

后来，由于业务人员越来越多，原来的一个部门要拆分成两个部门。张三由于业绩突出独立带领一个部门，李四与他的徒弟被分到了另外一个部门，但是李四的徒弟却向领导提出要到张三的部门去工作，最后领导同意了。后来又招了几个业务人员，他们都愿意到业绩突出的张三部门去工作，更愿意成为张三的徒弟。李四的部门却冷冷清清……

很多时候我们之所以没有大格局是因为我们太自私，就像李四，自己带的小徒弟强大，不恰好证明了自己的能力强大吗？可是他没有这样想，他担心自己的徒弟超越自己，抢走自己的饭碗，最终落得个孤家寡人的下场。再看张三，他的格局就大很多，他的心中装着整个业务部门的前途，所以他不仅将自己的小徒弟培养得很优秀，同时也将李四的小徒弟培养得不错，最终他不仅赢得了领导的赏识，更赢得了很多人脉。可见，格局有多大事业就有多大。

2. 只有放长线才可以钓大鱼

很多人都盼望与高端人脉结识，这样的话当有一天自己需要帮助的时候，身边就有了可以求助的对象。但如果求助贵人办事的目的很强烈、太着急，可能反而会适得其反，尤其是当你与高端人脉交往还不是很深的时候，贸然向他们提出请求，对方会认为你与他套近乎的目的就是为了让他帮助你，从而完全有可能回绝你。所以，要想与高端人脉进行深入交往，我们就要懂得放长线钓大鱼，需要不断培养自己的高端人脉，不断地增加信任度，这样，当有一天你向他们提出请求时就显得那么顺理成章，而不是那么突然。

我们在“放长线钓大鱼”培养自己高端人脉的过程中，需要注意以下几个问题：

- **要有耐心，把“线”放得足够长**

很多人在与高端人脉交往的过程中，太过急功近利，短期就想见到效果，常常会吓到别人，使得他们退避三舍、提高警惕，不敢深入交流，担心掉入陷阱。

- **投放的“诱饵”最好能具有深远意义**

只有“诱饵”让“鱼儿”喜欢，“鱼儿”才愿意上钩。这就需要我们特别注意，“诱饵”不仅要让对方喜欢，最好还是具有深远的意义的，这样才能与人脉共同走得更远。

● 以长远眼光来对待高端人脉

我们不能等到需要用某些高端人脉的时候才想起他们来，这样做的目的性太强，对方往往难以接受。这就需要我们具备长远的目光，三年、五年甚至十年后可能有帮助的人，不妨从现在起就开始沟通。

很多钓过鱼的人都明白，要想钓到大鱼必须将线放长一些，靠近岸边很少有大鱼。同样的道理，我们在事业上也要懂得放长线钓大鱼。在一些鸡毛蒜皮的事情上斤斤计较，为了一点钱财与合伙人闹崩，为了一点利益与客户扯来扯去……这些做法都是很不明智的，必定干不成大事。而那些聪明的人，往往懂得放长线钓大鱼，他们宁愿现在吃点小亏，能忍则忍，为的是最终能赚到大钱。

赵兴的家乡产茶，他的父母从事茶叶种植，可是，销路成为最大的问题。于是，大学毕业之后，赵兴选择了回家帮助父母销售茶叶，不过他销售茶叶的方法与其他人的销售方法不一样。

赵兴开了一家很大的茶艺馆，面向全国免费招收愿意学习茶艺的学生，无论男女老少，只要想学就可以。当然，赵兴传授茶艺的过程特别认真，他在全国培养了一批批喜欢茶艺的人，很多人学成之后回去自己开茶艺馆，也有的人学成之后去别人的茶艺馆打工。

于是，很多人都在背地里骂赵兴是傻瓜，觉得他培养了强大的竞争对手，但赵兴不这样认为："我不认为同行是冤家，相反我觉得他们是朋友，如果每一家茶艺馆的生意都很火了，是不是茶叶的需求量也就跟着大了呢？如果有人念着我的好，从我这里进一些茶叶，是不是我的茶叶就卖出去了呢？"

赵兴除了培养一批批全国各地的学习茶艺的学生，他还想出了一个办法，就是邀请一些有影响力的人免费来他这里喝茶，甚至专门设立了雅间招待需要谈生意喝茶的朋友。免费的茶水谁不愿意喝啊！于是，赵兴的茶艺馆越来越火，来喝茶的人络绎不绝。尤其是那些谈生意的朋友，每次进雅间的时候都会将赵兴介绍给自己的合作伙伴，这使得赵兴的名气越来越大，从赵兴这里买茶叶的人越来越多。后来，这些谈生意认识的老板，觉得赵兴为人靠谱，便与其合作在全国各地开了一些茶艺馆，赵兴家里产的茶叶不够了，又从别的地方收购茶叶，带动了周边茶叶的销路。

通过这种方式，赵兴不仅卖掉了茶叶，更认识了很多好朋友，这些好朋友有一部分成了他的固定客户，还有一部分成了他的合伙人，正是这些人脉让赵兴的事业蒸蒸日上。

如果赵兴不懂得放长线钓大鱼，他就不能认识那么多的人脉，更不可能开拓出全国市场。正是他懂得先吃亏后收益的道理，不仅赢得了学生的好感，更赢得了很多老板的认可和信赖，所以他最终取得了成功。他的这种方式不仅是一种收买人心的方法，更是拓展人脉的方法。

多年前我还在为奥迪汽车公司服务的时候，我有一位下属很优秀，她叫罗莉。在公司里，针对每个客户（无论是意向客户还是潜在客户），都有一张登记表，登记的是客户的相关信息，其他的下属只是按照表格的要求简简单单填写一下，可是罗莉却不这样，她填写得特别详细，填写的内容不仅包括客户的兴趣爱好，还包括客户的生日，甚至家里每个成员的生日、结婚纪念日，等等。

每到客户生日的时候，罗莉都会根据客户的兴趣爱好，亲自制作贺卡为客户快递过去，写上祝福语：祝您生日快乐！奥迪，罗莉。

无论是在客户的相关纪念日，还是情人节、劳动节、端午节、中秋节等节日，罗莉都会根据客户的喜好选择礼品，制作贺卡，总是不忘写上祝福语：祝您节日快乐！奥迪，罗莉。

这样下来，一年四季，几乎每个月都有值得为客户祝贺的日子，一年下来每个潜在客户都会收到罗莉十多张祝贺卡。尤其是现在很多人都通过手机短信、微信来祝福，罗莉的这种祝福就显得很有个性。于是，“奥迪，罗莉”这几个字给这些潜在客户留下了深刻的印象。当这些潜在客户真正需要车的时候，第一个想到的就是“奥迪，罗莉”。于是，罗莉的业务在整个销售部门遥遥领先，这与她的努力是分不开的。

人都是有情感的，罗莉正是看到了这点，让她的做法充满了人情味，这样一来给客户留下的印象自然是深刻的、难忘的。如果她临时抱佛脚，去搭建客户关系，是不可能赢得客户的信赖的。正是由于罗莉懂得放长线钓大鱼，懂得从长远的眼光考虑问题，懂得情感投资，懂得坚持，最终不仅让客户记住了罗莉，更感动了客户，让客户觉得从罗莉这里买车物超所值。

所以，我们在寻求高端人脉的帮助时，不可急功近利，要懂得放长线钓大鱼，懂得坚持，更应懂得投入情感，这样我们才能越走越远。

3. 高尚与涵养是人生的左膀右臂

在我们的一生中会遇到各种各样的人，能够成为我们的人脉，并且陪伴我们走得最长远的，往往是那些人品高尚及有内涵的人。所以，我们在结识人脉的时候不能只从利益的角度来衡量，更应该从高尚品德与涵养方面来衡量，那些低俗的、没有涵养的人不仅不能帮助我们，甚至还有可能对我们落井下石，即使他们暂时能够帮助我们，也是为了让我们将来对他付出更多。

因此，我们在人际交往的时候，需要提防这种没有高尚品质和内涵的人，更关键的是在与我们的高端人脉交往的时候，我们应该注意修炼自身的品德，不断提高自己的涵养。换位思考，如果我们没有高尚的品德与涵养，也终将会被我们的高端人脉所抛弃。因此，高尚品德及涵养成为我们人际交往中最核心的一张王牌，没有它，我们必输无疑。

那么，在人际交往中应该如何提升自己的品质及涵养呢?

● 做最真实的自己

高端人脉之所以能够成为高端人脉，不仅仅是因为他们各方面能力比我们强，更重要的是他们的经验丰富，认识的人也多，各种各样的人见得太多，心已经渐渐觉得累了、麻木了，所以他们往往更欣赏最纯真、最真实的人，因此，我们要做最真实的自己，这样才能赢得高端人脉的喜欢。

● 坦荡做人，切忌奸诈

奸诈的人赢得了一时赢不了一世。他们毁掉的不仅是自己的人品，更是自己的前途和人生。那么，我们在与高端人脉相处的时候就需要坦荡一些，不要尔虞我诈，只有这样才能赢得他人的信赖。

● 不要聪明过头

尤其是在高端人脉面前，别总是凸显自己很聪明，也许在自我感觉良好的时候你已经漏洞百出，最终只能弄巧成拙。

古往今来，无数的事实告诉我们，要想建立长远的人际关系，就不能鼠目寸光，更不能忽略自身品质与涵养的修炼。目光的长远决定了人脉的质量。因为人脉需要培养，更需要考察，这需要一定的时间和周期。如果只以眼下为标准，我们必将错失很多宝贵的人脉资源。我们要着眼于未来，要学会维护自己的人脉，这样建立起来的人际关系才更加牢固，当自己需要用的时候才能发挥巨大的能量。

无论是我们给自己培养人脉，还是别人培养我们成为他们的人脉，我们都要以修炼品德与涵养为基础，如果没有了这些，我们不可能遇到好的人脉，别人也不可能对我们感兴趣。

凯特是名牌大学毕业生，不仅长得漂亮，而且青春、阳光、时尚，刚一进入公司就吸引了同事们的目光，再加上她在工作中的能力也不错，领导很器重，对她这位刚毕业的大学生给了很多方便。

凯特知道领导很重视自己，有意培养自己，于是更加努力地工作，充分发挥自己的才干，业绩也非常突出，这让领导越来越觉得自己没有看错凯特。不久之后，领导将刚进公司不到六个月的凯特升为部门主管。

凯特升职之后，公司其他人都对她投去了羡慕的眼光，当然也有不少人去恭维她，这让涉世不深的凯特有些飘飘然。但她知道她的成绩除了自己的努力之外，更有领导的细心呵护，虽然心头有些沾沾自喜，但工作丝毫没有落下。一年之后凯特得到了领导的再次提拔，成为公关部的经理。

当凯特升上这个位置后，好像完全变了一个人。她认为有领导的重视，就没有自己办不到的事情，工作也不如之前那么认真了，就连之前凯特曾经抢着参加的公司内部培训会也不愿意去了。在工作中不仅将迟到早退作为一种习惯，更为重要的是经常在工作时间看一些韩国泡沫剧。有时候还利用上班的时间约一些朋友逛商场。凯特早将公司重点培养自己的事情忘记得一干二净，但她从来没有意识到自己的退步。

后来，公司又招进来一批新人。可能公司领导认识到给凯特升职如此快是一个错误，于是领导在大会上提出：以后公司的领导一律通过竞选产生，谁的品质能力强就可以升职，即使目前一些稳定的岗位也要做出调整。竞选的范围包括全公司的人，无论目前在单位的职位有多低，都有参加竞选的资格。随后，领导又宣布了一个新的职位，公司打算成立一个分公司，从大家中间竞选产生一位分公司的总经理。

凯特顿时对这个职位产生了极大的兴趣，她逐个分析了一下公司目前的领导，觉得有的人快退休了，不可能成为分公司的一把手；有的领导只有职务没有能力，更不可能成为领导；还有的领导似乎各方面的能力都不错。凯特觉得自己有挑战一下的必要，但是想到领导说从全公司人中去竞选这个总经理，那意味着自己的下属也是自己的竞争对手。

于是，当凯特看到业绩突出的下属就对其进行打击，或者制造各种障碍，让他们的业绩不能太出众。后来，她凭借自己的手中权力对员工的业绩进行了限制，不能超过某个标准线，否则，不但不奖励还有可能进行惩罚，导致几个下属选择了离职。员工这边凯特觉得自己已经摆平了，关键是中层领导中有几个竞争对手需要搞定。凯特想到了一招，她在这些领导之间散布彼此的谣言，使得领导之间矛盾重重。

最后，信心十足的凯特却落选了，分公司的总经理由其他人担任，更为关键的是领导又提拔了一位员工为公关部副经理。本来落选对凯特的打击就很大，再加上提拔了一位员工做公关部副经理，这不是明显逼着凯特让位吗？凯特想出了最后一招，写了一封辞职报告来要挟领导，让她没有想到的是曾经很看好她的领导，面对她的辞职报告却毫不犹豫地签字同意了。凯特只能灰溜溜地离开了。

能够得到高端人脉的赏识，对于我们来说是一件很荣幸的事情，我们应该珍惜，而不能太任性。如果都像凯特一样，为了自己的利益，不仅成为下属的仇人，更成为领导之间的长舌妇，必然不会有好的下场。后来，那位曾经很赏识凯特的领导，在大会上将选拔人才所需要的条件简单说了一下，招招击中凯特的要害。他说："选拔人才有三条原则，一是要人品好，积极进取，低调谦虚；二是看业绩，不仅看个人的业绩，更要看团队整体的业绩；三是懂得团队协作，没有团队不可能干出大事业……"我们再反观凯特的钩心斗角，这充分反映了她的品德不正、心灵扭曲，她打压下属不让其业绩突出，那么她的团队整体业绩自然不可能提升；她在领导之间散布谣言，这分明是破坏团队协作，这种人不离开谁离开呢？

因此，如果一个人不懂得修炼自己的品质和涵养，不懂得提升自身价值，无论多么豁达的人脉也不可能给他机会。机会很难得，我们要学会珍惜，一旦失去机会，就证明自己也失去了价值。

4. 不攀缘，而是以宽广的心胸去结缘

每个人在人际交往的过程中都希望与那些高端人脉——有资源、有资本、有话语权的人交往，因为这种人脉对自己的帮助最大，而对那些没有这方面资源或者能力的人则敬而远之。因此，当我们属于后者的时候，就要不断加强自身的能力、提升自身的价值，只有当你有用、有价值了别人才会珍惜你，否则，无论你凑得多么近，别人也未必会注意到你，更别想着与他建立长久的关系。另外，如果我们强行与那些比自己厉害很多的人交往，如果遇到好的人，也许会帮助你，但这种人很少；很多人其实是不太愿意帮助你的，因为别人还没有看到你的价值。如果我们不知趣，想强行与他们建立关系，只能让他们躲得远远的。

因此，我个人认为，要想与高端人脉处理好关系，除了提升自身价值，还要抱着平常心态，更应该将目光放远一些，能够认识某方面有能力的人是缘分，认识不了也要淡然看待，切不可为了认识而认识，为了结缘而结缘。有些人虽然很有价值，但是未来可能与他不会有太多联系；有些人只适合做一段路程的朋友，不适合做一辈子的朋友；有些人为了眼前的利益与你携手，只是想借助你的手拉他一把渡过难关，但过了这道坎，他就翻脸不认人。无论是眼前的友谊，还是长远的人际关系，我们都应该以宽容的心态去面对、去结缘，只有这样我们才能一直走在自己的道路上，自己掌控自己的人生。

那么，怎么做才能以平和的心态，与我们的人脉走得越来越长远?

● 珍惜缘分，但不攀缘

当我们遇到生命中的贵人的时候一定要懂得珍惜，不仅要发挥自己的正能量去维护我们的人脉，使贵人的价值进一步提高，还要将自己身边有用的资源介绍给我们的贵人。如果有一天贵人离开了我们，我们应该以平和的心态去面对。人常说：花无百日红，人无千日好。在理解的基础上要反思自己，弥补不足，减少其他人脉资源的流失。

● 依靠个人魅力去结缘

人脉不是我们强行建立的，即使强行建立了也不会长久。要想让自己的人脉对自己有黏性，最好的办法就是修炼自己的人格魅力，当你的魅力强大了，身边的人你赶也赶不走。

● 目光有多远人脉就有多少

一个人的一生就像一个车站，有出去的车就有进来的车，有的车离去了又回来，有的车一去不复返。我们的人脉也是如此。但是，不能因为眼前的利益去衡量一个人的价值，而应该将目光放得长远一些。也许有些人现在没有价值，但并不意味着在将来他们没有价值；有些人也许一辈子对我们都没有价值，即便如此我们也应该以平常的心态去面对，因为默默无闻的陪伴也是一种难得的价值。

我们要想与高端人脉相处得融洽，心态很关键，目光也很关键。良好的心态能够让我们看透身边来来去去的人脉，高远的目光能够让我们交到很多将来对我们更有用的人脉。一个真正的人脉高手不仅要交现在的朋友，更要交未来的朋友。

我们在生活中会遇到各种困难，如果自己解决不了，就需要去求助别人，但是在求助别人的时候一定要低调，但低调绝对不是卑躬屈膝。我们应惜缘但不攀缘。无论对于能够帮助自己的还是不能帮助自己的人，都应该去珍惜。一个人身上好的东西我们可以利用、借鉴、学习，帮助我们成功；一个人身上不好的东西我们可以警惕，防止自己身上出现这种坏的毛病；哪怕是在自己前进道路上向自己扔石头的人，我们都应该报以微笑，因为他们的出现会让我们更加强大，他们扔过来的石头都会成为我们成功的垫脚石。把目光放长远一些，我们的道路不仅会走得更加平坦，我们的事业也能够发展得更加长远。

5. 遇到任何大事都能够沉着应对

我们经常看到一些人，遇到一些突如其来的困难就会不知所措，有时候即使发生了好事情也能够让他们乱了手脚，与其说这种人不够成熟，还不如说这种人不具有沉着应战的心智。无论在什么情况下，无论发生什么事情，我们都要有沉着应对的心态。

在与高端人脉相处的过程中更应该如此，如果遇到一些突发状况的时候我们不能沉着应对，而是显得手足无措，我们就会给别人留下内心脆弱、目光短浅、没有前途的印象，这样一来我们就可能失去被高端人脉提携的机会，在我们成功的道路上就会多一些坎坷。

因此，在与高端人脉相处的时候，我们要不断修炼自己坚强的意志、豁达的心态以及看待事物的高远格局。如果我们只是盯着眼前的小事情，就很容易被这些事情所左右，即使发生很小的困难也会被无限地放大，最终将自己吓倒，失去了主见和方向，这正是由于没有高远格局所导致的结果。

那么，在面对突发状况的时候，我们应该如何从心态上提升自己的格局，让自己不再那么手足无措呢？

● 坚信解决困难的办法比困难多

很多人在面对突发状况时之所以会着急，是因为没有任何心理准备，一时找不到解决困难的办法。为了避免这种情况的发生，我们除了应该有预警机制，做到未雨绸缪，事先预备好相对应的处理手段，还应该不断锻炼自己的抗打击能力，只有这样才能做到临危不惧。

● 坚信所有的困难都终将成为过去

与其说我们担心困难，还不如说我们担心困难给自己造成的可怕后果，我们不断将这种后果无限放大、无休止地延伸，甚至在困难还没有发生之前就可能因为思想压力过大而倒下了。这就是杞人忧天的心理。其实，我们应该具有这样的心态，站在未来看今天，无论多么大的困难都终将成为过去，没有任何一件事情会伴随我们终生，除非我们不想忘却。

● 相信自己可以找到解决的办法

很多人之所以在面对突发状况时会显得手足无措，是因为他不够自信，总认为自己解决不了这件事情。这种心理暗示愈强烈，困难愈是难以解决。当我们充满自信，并且能够沉下心来的时候，也许就能找到解决困难的办法。

● 自己解决不了的困难，并不意味着别人也解决不了

当遇到困难的时候，自己能够解决的自己尽量解决，自己难以解决的就需要有向别人求助的勇气。不要觉得求助别人是很丢面子的事情，与其在一件事情上纠缠太久浪费很多时间和精力，还不如求助别人立刻解决掉。人无完人，求助别人是正常的事情。再说，求助别人是人脉互动的过程，也是别人的价值的体现，很多人是愿意帮助比自己弱的人的。

要想在与高端人脉相处中既能够体现自己的价值，又能够凸显自己的格局，首先就要从生活中遇到的事情入手，不断锻炼自己“泰山崩于前而色不变，麋鹿兴于左而目不瞬”的心态，不断加深人脉对我们的良好印象，这样才能赢得高端人脉的赏识。

王波毕业之后成功应聘到一家公司，老板是小学毕业，依靠实干起家，对高学历的王波很欣赏；再加上王波的言谈举止，老板对其极为信任。深入交流之后，老板对王波的身世感同身受，因为发生在王波身上的事情老板年轻的时候也经历过。而且老板没有子女，自从第一天见到王波，老板就非常喜欢这个小伙子，希望将来有一天他能够接自己的班。

于是，老板经常将王波带在身边进行重点培养，逢人就介绍王波是自己的干儿子，这也让年轻的王波得到了不少的尊重。可是，后来接连发生的事情让这位老板对王波是否能够成为自己合格的接班人有所顾虑。

有一次，老板交给王波一份合同让他尽快翻译成英文，周五就要进行签约。王波英文不错，对这份合同的翻译很自信，可是，他在翻译的过程中发现并非如此，合同中很多专业术语他平时根本就没有学习到，这样一来就需要花费更多的时间和精力。老板留给王波的时间是足够他完成这个任务的，可是，当周五老板让王波带着合同签约的时候，王波才突然记起自己的合同才翻译了一半。老板虽然没有批评王波，但还是有些生气。此刻，王波似乎知道自己犯错了，突然哭了起来，弄得老板有些不知所措，只好赶紧安慰王波。

后来，老板发现王波的记性似乎不好，无论什么事情老板总需要叮嘱他好几次。这天，老板要带着王波出差，老板不断叮嘱王波根据时间安排提前预订机票和酒店。这件事情王波办得很漂亮，很快安排好了一切。在去机场之前，老板再次叮嘱，一定要将机票等一切与出差有关的东西带齐，王波信誓旦旦地说没有问题。可是当到达机场的时候，王波却发现机票没有带。虽然这次出差有极其重要的事情，但老板还是没有批评王波。没有想到王波在人群密集的机场竟然放声大哭起来，弄得周围的人都侧目看热闹，周围巡视的保安人员也赶过来询问情况。老板不得不与机场工作人员进行沟通，这才顺利坐上了飞机。在飞机上，老板一边安慰王波，一边鼓励他遇到任何事情都要沉着应对，王波不断地点头。

后来发生的一件事情让老板彻底崩溃。有一家外地企业一直说要到公司考察合作，可是一直没有过来。这天下午，老板突然接到电话，这家企业的负责人乘坐飞机已经到机场了。为了显示自己的诚意，老板要亲自去机场接站。临走之前他特地叮嘱王波，赶紧预订饭店和宾馆。王波说没有问题。可是，当老板接到对方企业负责人之后，打电话询问王波预订的饭店在哪里，让王波将地址发过去时，王波支支吾吾地说：今天周末，好点的饭店已经被预订完了，自己没有预订上。老板又问宾馆预订了吗？王波还是那句话：今天是周末，好点的宾馆已经被预订完了，自己没有预订上。虽然老板后来依靠自己的关系很快解决了这一切，可是从此之后，老板再也不带王波出差了，他们之间的距离明显拉远了……

我们是否能够与高端人脉相处得和谐，不仅看我们的能力，还要看我们面对困难时的态度，尤其是面对突发问题时的处理态度。这不仅能够证明一个人为人处世的能力，更能够证明一个人的格局。格局有多大，事业就有多大。如果面对突发状况，我们或茫然或不知所措，这不仅证明我们能力不足，更证明我们格局不够高远，这样的人是不太可能在事业上有所发展的，自然也不可能成为高端人脉的左膀右臂。因为没有人愿意与这样的人一同前行。

6. 懂得低头，给别人足够的面子

一个人要想有长远的发展，不仅要有高远的格局，更应该处理好当下的问题，尤其是面子问题。很多人爱面子，在这些人眼中面子高于一切。于是，每个人一切的努力都是为了维护自己的面子。考大学必须考好大学，因为考上好大学有面子；找工作要找好工作，这样有面子；娶媳妇要娶漂亮的，因为这样有面子。有的人甚至不择手段来捍卫自己的面子。谁要是让某一个人丢了面子，小则翻脸，大则闹出人命。很多人可以吃亏，但就是不能吃丢面子的亏。如果你不顾及别人的面子，总有一天别人也会让你没有面子。

每个人的心态不一样，对某一件事情的看法也不一样，所以，有时候无意间的一个举动，就让别人丢了面子。因此，我们说话的时候，尤其在公开场合，不要说别人的缺点，这样容易让别人觉得丢面子；要说就说点他人的优点，多多夸奖别人，这样就保全了对方的面子。如果有一天我们遇到什么丢面子的事情，对方也会帮助我们挽回面子。

我们在给别人面子的时候一定要注意以下几个问题：

● 给别人面子，我们要懂得先低头

当别人丢了面子，或者处于尴尬境地的时候，我们如果心里想给面子，但是在语言和姿态上依然趾高气扬，让对方感受不到你给他面子，这样就不能算是给面子。最好能够放低姿态，从言谈举止上让对方切切实实感受到，你给了他面子。

● 既然给面子就一定要给足面子

给别人面子不能点到为止，要给得彻底一些。否则，即使我们花费了精力，对方也没有感受到给他面子，我们只能是白花力气不讨好。

● 给面子一定要学会换位思考

如果想让对方切实感受到我们给他面子，就需要我们换位思考。当然不仅是站在对方的角度考虑，更要角色换位，这样就会理解对方此刻的心理状态，才能恰到好处地给对方面子。

● 给面子的最佳效果：借坡下驴最好

给别人面子的时候一定要学会借坡下驴，这样不仅让对方挽回了面子，还能够让周围的人不觉得突兀，甚至尴尬还没有发生就已经解决了。

我们在与他人交往的过程中，难免会遇到一些尴尬的局面，在化解尴尬的时候，我们要思量好不能让别人丢面子，否则对方可能会立马翻脸。因此，在与他人交往的过程中，我们必须学会低头，学会给别人面子，这样对方才容易下台阶，同时，也对我们建立高端人脉有很好的作用。

蓝月正在柜台后面整理货物，此刻，她的同事告诉她，前台有一位帅哥找她。蓝月停下手中的工作走向前台，只见一个高大帅气、西装笔挺、手中还捧着一大束鲜花的男士站在前台。蓝月带着疑惑走近男士，男士转身微笑着将鲜花递到蓝月面前。蓝月一看眼前的男士自己并不认识，于是，迟疑着不敢接过鲜花："你是？"经过男士的陈述蓝月逐渐回忆起两年前的事情来。

两年前，蓝月找了好久才找到一份在珠宝店销售珠宝的工作，这是她的第一份工作，所以她非常珍惜。这天正好是除夕的前一天，其他几个同事都回家过年了，只有蓝月还坚守在自己的岗位上。下午，当蓝月正整理柜台的珠宝准备下班时，走进来一个衣着破破烂烂、萎靡不振的男士，蓝月问男士需要点什么，男士只是轻声说自己随便看看。此刻，柜台上的电话响了，蓝月赶紧去接电话，一转身将柜台上装有六枚钻石戒指的盒子撞翻了。蓝月着急了赶紧弯腰去捡，可是找来找去，只找到了五枚钻戒，其中一枚不见了。

此刻，蓝月看到刚才看珠宝的男士正在快步往外走，蓝月立刻意识到钻戒被那位男士拿走了，于是，跑出去追男士。蓝月在门口拦住了男士，说："很抱歉，等一下！"

男士停住脚步问："怎么了？"

蓝月说："这是我找了好几个月才找到的工作，也是我的第一份工作，现在工作不好找，我相信你应该理解，对不对？"

男士点点头说："理解，祝你新年快乐！"说完男士伸手去握住蓝月的手。蓝月也说："谢谢你的理解，也祝你新年快乐！"

随后男士离开了，蓝月手中握着第六枚钻戒。

曾经的那位男士就是现在眼前光鲜亮丽的他，他很激动地对蓝月说："你当时没有报警，你不仅给了我面子，更给了我一次重生的机会。从那次之后，我发誓好好找一份工作，挣钱养活自己。后来，在好心人的帮助之下，我找到了一份很体面的工作。所以，我决定前来感谢你，如果不是你我可能现在在蹲监狱呢！"

蓝月面对男士的盗窃行为没有声张，更没有报警，就像这位男士说的，不仅给了他面子，更给了他一次重生的机会。如果当时蓝月大喊大叫，或者报警，那样的局面不可想象。因此，当我们与别人交往的时候，懂得给别人面子，同时也是给自己面子。

陈刚硕士毕业后被一家公司高薪聘请了去。虽然他学历最高，但是为人很低调。可是，工作第三个月发生的事情让他很郁闷。那个月他加班三天，可是在结算工资的时候并没有将加班费算进去。于是，陈刚去找会计主管询问，当时主管正在追剧，被陈刚打扰了很不爽，她甚至认为陈刚仗着学历高胡乱生事，便说："我没有收到经理签字的加班证明，所以没有办法给你算加班费。"陈刚说："我在加班后就填写了证明，而且找经理签字之后给了你的！"会计主管不耐烦地说："你根本没有给我！"陈刚本想继续争辩，可是一想还是算了吧，于是他说："那我找经理再补一份证明吧！"陈刚重新填写了一份证明去找经理签字。经理有些好奇："你的加班证明不是我早签字了吗？"陈刚说："会计主管说她那里没有。"经理有些生气了："太不负责任了，这种人她还能干点啥啊？不行就滚蛋！"陈刚赶紧安慰经理："您也别生气了，她每月需要统计那么多的考勤和工资表格，工作量不小，也很累，出点小疏忽可以理解，您就不要计较了，给她个面子。"经理笑了。陈刚不仅没有将会计主管上班期间追剧的事情告诉经理，反而替会计主管求情，让经理理解会计主管的工作压力，让经理给会计主管面子。这件事情传到了会计主管的耳朵里，她很惭愧，亲自向陈刚道歉。后来她与陈刚成为了很好的朋友。

一个不懂得给他人面子的人，不懂得给他人创造下台阶机会的人，只能成为人际交往中的失败者。人们宁愿吃亏也要极力维护面子，可见面子对一个人的重要性。对于那些懂得给别人面子的人，对方会万分感激，更会时刻准备着帮助对方挽回面子。给别人面子其实就是给自己面子。因此，在人际交往中，我们要学会维护别人的面子，这样不仅能够得到相应的回报，而且能够赢得他人的信赖，建立更加稳固的人脉。

第八章 人脉互动 让高端人脉真正活起来

交换名片并不算真正的认识

创造让彼此都需要对方的机会

好建议只有采纳才是最好的回报

真情互动，人脉才能更长久

介绍你的人脉参与有价值的活动

巧妙借势成就彼此

1. 交换名片并不算真正的认识

在人际交往中，名片对加深彼此的了解有着非常重要的意义。尤其在一些商业聚会上，有成千上万的人参加，不可能将每一个人都记住，此刻借助名片能够快速地加强彼此的认识、了解，提升彼此在对方心目中的地位，这样才容易成为朋友。

当彼此不认识，又没有名片的时候，再简短的自我介绍也是浪费时间，而浪费一分钟时间就可能少认识一个人，彼此心里都不舒服，如果此时有名片就可以缩短介绍的时间，认识更多的人脉。

现实中那些成功的人士都是善于用名片的人，通过名片能让越来越多的人了解自己，从而赢得更多的人脉。如果想成功敲开他人的心门，就必须学会借助名片这块敲门砖。

在利用名片进行社交的过程中需要注意以下几个问题：

● 名片就是社交武器，时刻准备好

要想在社交中赢得人脉，必须提前准备好名片，不要到用的时候才发现名片还没有准备好，尤其当别人向你递交名片的时候，你没有可以回赠的名片，这在社交中是一种极不礼貌的行为。

● 制作个性名片要把握度

我们在交换名片的过程中经常会收到很多个性的名片，这些名片的确能给我们留下深刻的印象，但是我在这里强调一点：个性要有度。有些名片为了突出个性，制作得特别小，这些小名片很容易被对方遗漏掉；有些名片过大，也会让对方不方便与其他名片一起拿。所以，可以在设计、色彩上个性化，大小上不建议个性化。

● 根据活动人群制作不同名片

现在都讲跨界发展，许多人往往有不同的身份，而且现在大家都明白抱团发展的好处，各种各样的活动都很多，为了帮助自己找到有针对性的人脉，建议根据不同的活动，制作不同的名片。有些身份可能参加某些活动难以吸引人脉，那么可以弱化这个身份，将与活动主题贴近的身份加强。

● 随时更新自己的名片

社会在发展，我们的身份和地位也在变化，电话号码、住址都在发生变化，所以我们的名片也需要随时更新。不能总是用多年前的名片，这样显得很死板。另外，忌讳在名片上涂抹修改。

● 温习名片，筛选人脉资源

参加一场活动我们都会收到很多名片，对每个人进行联系沟通不是很现实，所以，需要我们对名片进行筛选，将那些适合自己的人脉作为重点联系对象，其他的人不是不联系，而是可以隔三岔五进行沟通，这样就有更多精力去培养高端人脉。

名片不是简简单单的一张纸片，它是人脉的存折，如果很好地利用起来，可以为你创造出更大的财富。尤其是在拓展自己的高端人脉的时候，我们更不能小看这些名片的作用。我们不仅要重视别人的名片，也要重视自己的名片。不要将别人送你的名片乱扔乱画，同时，自己的名片也要设计得精美大气，并且保持干净。这不仅是对别人的尊重，更是关乎自己脸面的问题。

在我的人脉中，有一个朋友，他在利用名片社交这一块做得不错，因此，他认识了很多比较牛的人。每当别人问他怎么认识那么多厉害的人时，他总是用自己的口头禅回答：要想收获人脉，就要像农民一样懂得播种人脉，要想收成好就要多播种。正是因为有这样的人脉理念，在日常生活中，这位朋友出入各种场合都会带大量的名片，所到之处都会放下自己的名片。比如，看球赛的时候，入场的时候他会向相关的工作人员发放自己的名片；过马路的时候，如果身边有一起过马路的人，他也会发自己的名片；在公车上他也会向周围的人发名片。

印象最深刻的一次，我们一起吃饭，在我们等餐的过程中，他说不能错过认识人脉资源的机会，于是，他从兜里掏出自己的名片向周围餐桌上的几个陌生人分发。其中一桌上的人看到我朋友的名片说："我刚好需要找你这方面的人合作！"于是，他们几个人坐在一起聊了很久，彼此留了电话，万万没有想到，一周之后他们竟然合作成功了。当然这是后话了。当吃完饭他去前台结账时，随便以订餐的名义要了服务人员的手机号码，并且向服务人员说了点好话，将一盒自己的名片放在前台，他对服务人员说："如果有前来结账的人，可以将我的名片给他们！"每次需要对外快递东西的时候，他总不忘将自己的名片夹在其中一起快递出去。他到哪里都带着自己的名片，所到之处都可以看到他的名片，似乎他的名片没有用完的时候，这就是他所说的广撒网吧！

通过这种方式，我的这位朋友建立起了自己的人脉圈子。他说当别人见到你还不了解你的时候，最便捷的方式就是用名片，这样至少对方不会称呼错你的姓名。人际交往中，很多人见面了，但是没有交换名片，不知道对方叫什么，再次见面的时候又由于不知道姓名不好意思过去打招呼，因此错过了深度交流的机会。多交换一张名片就多一次机会。这就是我的朋友身边拥有很多人脉资源的秘密。

在人际交往中，一个不重视使用名片的人就是一个缺少交往意识的人，这种人是不太可能有好的人脉的。我们要想与高端人脉认识，就要有强烈的交往意识，根据吸引力法则，你的欲望越强烈，你想认识的人脉就会聚集到你的身边。名片是开启我们与高端人脉交往的钥匙，如果没有名片你就可能不会在高端人脉的交际圈中留下交往过的痕迹，这样就没有人会记得你，不会联系你，也不会与你交流、与你合作，更不会在困难的时候向你伸出援助之手。

当然，我还要着重强调一点：即使交换了名片也不算真正认识了人脉。如果经常与人脉互动，这些就是活的人脉；如果仅仅是交换了名片但不互动，对方不了解我们，我们也不了解对方，时间久了，我们就会重新成为陌生人，这样的人脉就是死人脉、形式上的人脉。

所以，有了名片，不联系、不沟通，就等于没有这个人脉。要想让这些人脉成为你的活的、有用的人脉，就得多互动。我觉得要真正认识一个人，不仅要交换名片，更需要在交换名片之后的三个月内进行至少四次电话沟通，私下至少三次见面，至少吃一次饭，否则不可能成为真正的人脉。虽然很浪费时间，但只要是有价值的高端人脉资源，就值得我们花时间和精力去沟通。

2. 创造让彼此都需要对方的机会

对于人脉来说，只有彼此都存在价值才有互动，只有不断互动才使得彼此的价值倍增。当你发现一个人对你很有价值的时候，你可能会想尽一切办法与之建立关系，随后会根据他的价值进行互动，如果在互动的过程中你发现对方其实是言过其实，你就会失去对这个人脉的重视。反之，道理也是成立的。如果不互动就不可能了解彼此的价值，只有在互动的过程中我们才能分辨清楚哪些才是真正的高端人脉，哪些是伪高端人脉。就像货币一般，只有在流通的过程中才能体现价值。

在人脉互动的过程中必须彼此都是有价值的，而且彼此都是互相需要的状态。如果一方有价值，另外一方没有价值，这种人际关系就很难建立起来。如果有价值的这一方不被另外一方需要，那么他的价值对对方来说也是无用的。可见，能够被对方需要是一件值得骄傲的事情，这是自己有价值的体现。如果别人不愿意理睬你，证明了你对别人也许毫无价值。因此，当有些人抱怨自己被别人利用了的时候不应该伤心，而应该高兴，因为这表明你有价值。

在人脉互动中，如果对方需要你，你在对方心目中就会变得很重要。你可以利用对方对你的需要，来体现自己的价值。在体现价值的过程中一定要将事情办得漂亮，这样你的价值就会更大。尤其是暂时弱势的一方，可以利用自己对对方的价值，得到对方的庇护。

从前有一个国王特别迷信占卜，于是，他在皇宫中养了很多占卜师。其中一个占卜师手艺比较高超，每次占卜的结果都很灵验。

有一次，在大殿之上，国王让他占卜一下最近有什么事情发生。他占卜之后告诉国王："三日之内张贵妃会死亡！"国王于是将这件事情告诉了群臣，并说不得对外张扬，谁要对外说了就得掉脑袋，通过这种保密方式，国王想验证一下占卜师占卜得是否准确。果真在第三天的上午张贵妃就死了。

群臣很震惊，国王却很害怕。他觉得如果不是占卜师杀掉了张贵妃来证明自己占卜的准确性，就是占卜师的法力太高深了。其实，国王因为担心占卜结果的发生，早就开始秘密监视占卜师，这三日他与张贵妃没有任何接触，包括他身边的人也没有。那只能说明，占卜师的法力太强大了。国王不觉得有这样法力强大的占卜师在身边是一种幸运，反而觉得这个占卜师的存在是对自己权力的威胁。于是，他决定杀掉这个占卜师，来摆脱自己受制于人的命运。

国王召占卜师进宫，并且在宫殿的周围设下埋伏，只要占卜师跨进大殿，国王一发暗号，埋伏的士兵就冲出来将占卜师杀掉。

占卜师很快跨进了大殿，埋伏的士兵等待着国王最后的暗号。国王问占卜师：“你不是能够看清楚别人的命运吗？那我问你，你知道你能够活多久？”

占卜师稍加思考之后说：“我会在您驾崩前三天去世。”

国王一听顿时震惊了，为了保住自己的性命，他没有发出杀掉占卜师的暗号。占卜师凭借国王对他的信赖和需要，不但保住了自己的性命，还得到了国王的全力保护，甚至国王还从全国招募最知名的医生和营养师来照顾占卜师，使得占卜师一生在安康和奢华中度过，甚至他还比国王多活了好几年。

可见，我们对自己的高端人脉越有用，我们的人生道路就越平坦，我们的前途就越光明。要实现这一点，最好的方法就是想办法让高端人脉需要我们、依赖我们，当我们的重要性达到一旦他离开我们他的愿望就无法实现的地步，甚至他的生活也难以继续的程度，我们的价值就得到了最大限度的体现，我们的前途也会更加光明。

但是，现实中我们经常会遇到这种情况：我们知道自己是有价值的，是被需要的，但对方没有任何回应；对方对我们有价值，但我们不知道在什么地方可以需要他，或者怎么让其发挥作用。这就需要创造让彼此都需要对方的机会。

我在一次活动中认识了一家房地产开发公司的总裁，他的地产生意做到了全世界。后来我们不仅在网络上沟通得很顺畅，也面对面沟通多次，相谈甚欢。我知道我肯定对他有用，他也绝对对我有用。可是我目前没有可以与他合作的项目，他也没有向我提出需要帮忙的地方，我不知道有什么样的机缘让彼此能够建立合作。如果彼此不联系的时间过长，我们对对方就没有价值了，我们就白认识了。不过，通过交流我知道他目前开发海外地产需要一大批可以出国务工的工作人员，而且这些人必须靠谱、勤快。

我决定创造让我们彼此需要的机会。于是，我在我的人脉圈询问是否有负责劳务输出的公司。很快有朋友说自己有这方面的资源。我便将我的这位朋友介绍给这位地产总裁，他们两人一拍即合达成了合作。地产总裁很高兴，私下请我吃饭。后来，我又给这位地产总裁介绍了几位他需要的朋友。我既帮了我朋友的忙，又帮了地产总裁的忙，两边都感谢我，使得我的价值双倍扩大。

虽然地产总裁没有直接对我说以后需要帮助可以去找他，但是我觉得我有必要创造让地产总裁帮我的机会。如果长期让他欠着我的人情，他的内心也会不舒服、很内疚，以后如果还有朋友需要地产方面合作的话，他为了不欠我的人情完全有可能拒绝我的帮助，这样我可能连我的朋友都帮不成了。

后来，我一个亲戚的孩子大学毕业，专业是城市规划与建筑设计，他想进入相关单位工作。于是，我向这位地产总裁发出了请求，没想到地产总裁很快答应了，他说自己公司就需要这方面的人才。这个孩子如愿以偿进入到这家房地产公司工作。后来，我与这位地产总裁互相帮忙很多次，彼此合作得很开心。

可见，我们不怕认识不了高端人脉，可怕的是我们认识高端人脉了，彼此却没能够体现自身的价值，使得彼此的价值没有得到充分发挥，最终只能导致好的人脉资源被白白浪费掉。所以，我们要学会创造让彼此都需要对方的机会。如果你不需要，你可以挖掘身边有需求的人。资源只有有效地运用起来才算是真正的有效资源。这样不仅帮助了身边的人，更让你的高端人脉发挥了自己的价值，让彼此的价值更大化。

3. 好建议只有采纳才是最好的回报

当我们与高端人脉互动的时候，他们经常会以过来人的身份给我们提供很多的经验和方法，的确有些方法对我们很有用，但有些建议并不适合我们，不是我们的高端人脉经验不足，而是我们在处理这件事情的时候，对事情的真相了解得比我们的高端人脉更加透彻而已。这时候，如果我们不采纳高端人脉的建议，对方会觉得我们不尊重他，从此再也不给我们提供帮助；如果我们采纳对方的建议，可能会让我们付出更大的代价。那么，针对这种情况该怎么办呢？到底是采纳建议还是不采纳呢？这需要我们根据遇到的具体问题进行分析。

在采纳高端人脉的建议时，要注意以下几点：

● 懂得听取人脉建议的方法

当我们面对高端人脉的建议的时候，首先需要肯定对方的建议，表示对人家的感谢，然后再将自己的情况分析给对方，让对方明白我们采纳与不采纳的原因。

● 分析采纳真正适合自己的

面对高端人脉的建议，我们不能盲目借鉴，而是应该深入分析，一分为二。对那些好的、符合自己的建议可以采纳，对于那些不符合自己的建议可以抛弃。

● 有必要花成本证明对与错

有时我们的高端人脉很重要，如果不采纳对方的建议有可能得罪对方，从此对方可能再也不会与我们深交。在这种情况下，我们可以权衡利弊，如果采纳对方的建议给我们造成的损失不是很大，那么，我们可以尝试采纳，用最终的结果告诉对方他正确与否。如果略有损失，说不定对方会用其他方式来弥补我们。

我们在人际交往中会遇到很多人，但是遇到真正对我们有用的高端人脉少之又少，因此，当我们与高端人脉交流的时候，要懂得珍惜高端人脉给我们的建议。即使对方的建议并不完全符合我们，我们也应该说明原因，切不可因为对方的建议不符合我们，我们就抹杀掉对方的付出，有时候甚至为了表示对对方的尊重，我们不得不做个“两面派”，或者“阳奉阴违”。

有一位表演大师在后台化完妆准备上台表演，此刻，他的弟子进来了，看到表演大师已经化妆完毕，为了防止表演的时候出现纰漏，他围着师父转了几圈，最终发现师父鞋带松开了。于是，弟子提醒了表演大师：“师父，您的鞋带开了！”说着蹲下来便要帮助师父系鞋带，最终被师父拒绝了。表演大师亲自弯腰系好鞋带，徒弟看师父准备完美了很放心，便转身忙别的工作去了。看着徒弟离去的背影，表演大师弯腰将刚系好的鞋带又松开了。

一旁的人有些不理解，便问表演大师：“大师，您为啥又将鞋带松开了呢？”

表演大师说：“因为我扮演的是一位非常疲劳的旅行者，长途跋涉让他的鞋带松开了，这是很符合当事人的具体情况的，再说通过这个细节可以反映出他是极度劳累和憔悴的！”

旁边的人继续问：“那你为什么不直接告诉你的徒弟呢？这样对他的表演水平也是一个极大的提高。”

表演大师笑道：“他能够如此细心地发现我的鞋带松开了，并且能够热心地告诉我，我一定要保护他的这种热情的积极性，及时地给他鼓励。至于为什么要将鞋带解开，将来会有更多的机会教他表演，可以下一次再说啊。”

我们的人脉有时候不分高低贵贱，更不分年龄大小，只要他对我们有帮助，就是我们的贵人。比如，这个表演大师的徒弟，他指出了师父不完美的地方，但是师父为了鼓励他的这种精神，没有当场揭穿，甚至按照徒弟的意思去做，这不仅是对徒弟的尊重，更是对徒弟价值的肯定。但为了不伤害徒弟的面子，又遵从了艺术身份的需要，后来又松开了鞋带，这样可谓一举两得。这让徒弟能为帮助到师父而高兴，师父也能够体会到徒弟对自己的关心。

可见，当我们面对他人的建议的时候，有选择性地接受是对对方最大的尊重。但在对方对我们的工作理解得不是很清楚的情况下提出的建议未必正确，如果当场拒绝只能伤害别人，与其这样，不如我们先肯定对方建议的正确性，然后再私下调整。但是，有时候我们明明知道对方是正确的，可是为了自己的自尊心，打肿脸充胖子，自始至终都不接受对方的建议，这不仅是对对方的不尊重，更是对自己的不负责任。

孙俪与刘淼是同一所大学同一届的毕业生，更为巧合的是他们应聘到同一家公司上班，而且岗位都是项目调查员。两个人的能力相当、不分上下，但唯一不同的是两个人处事的态度。

每次在项目方案讨论会上，当领导对孙俪的项目方案提出异议的时候，孙俪都很生气，不但不配合修改，甚至觉得领导是故意刁难自己，弄得领导都很无语。有时候领导为了鼓励公司内部有不同的意见，于是对孙俪从不计较，这更助长了孙俪的嚣张气焰，她显得比领导更有本事，所以面对领导的建议经常用一些新鲜的词汇怼自己的领导。

而刘淼的态度刚好相反。在项目方案讨论会上，面对领导的建议他很少直接反对，而是将这些不同的建议记录下来，并且总是一副洗耳恭听的姿态，并多次请领导提出更多的建议和意见。尤其是对那些很有想法的领导的建议，刘淼总是十分重视，有不清楚的地方，他总是虚心请教。在刘淼的项目方案讨论会上，大家都有畅所欲言的机会，都很乐意将自己的建议毫不保留地告诉刘淼。由于刘淼善于接受大家的建议，博采众长，修改之后的项目方案几乎无可挑剔。

很快，孙俪与刘淼的距离拉开了。孙俪每次都不愿意接受大家的建议，完全按照自己的想法来写项目方案，因此，最终被领导通过或者采纳的极少；而刘淼的项目策划方案因为听取了大家的建议，几乎达到了完美无缺的地步，他的项目方案几乎都被采纳。于是，两个人的业绩出现了天壤之别。

后来，刘淼被提拔为公司的副总经理，而孙俪早在两年前就跳槽到别的公司了，至今也只是普通的小员工而已。

可见，当面对他人的建议的时候，不要总觉得自己是最厉害的，别人的建议是多此一举，这种不懂得谦虚的人，只会倒退；而那些懂得接纳别人不同建议，并且根据自己的需求有选择性地接受他人建议的人，前途必定一片光明。所以，当面对别人的建议的时候，能够采纳的尽量采纳，这样提供建议的人也会觉得他是有价值的，他们会提供更多的有建设性的建议，这样不仅有利于工作的完善，更有利于自己思想觉悟的提高。

4. 真情互动，人脉才能更长久

在与人脉互动中要想赢得对方的重视，我们就要懂得真情付出、懂得吃亏。如果我们只想着自己的利益，不愿付出，或者付出了一丁点儿就斤斤计较，盘算着什么时候让对方回报自己，这样不仅赢不到人脉，反而只能让人脉越来越少。

在与人脉相处的过程中，我们要不断地与我们的人脉交流互动，发挥其特有的价值，只有这样才能黏住我们的人脉。也许我们需要以“吃亏”的方式向对方付出这些甜头，但是有没有想过最终会带来的效果呢?

三十多年前，有一位从乡下来的妇女，先是在深圳当保姆，后来在街头摆摊卖东西。她有自己的原则，正是这条原则使得她卖的东西似乎一点也不赚钱。卖一个胶卷赚一毛钱，她认死理，一个胶卷永远赚一毛钱。如今她已经在全国各地开了很多摄影器材店，生意越做越大，还是一个胶卷赚一毛钱。市场上其他的胶卷都涨价到35元了，她只卖18.1元，但批发量大得惊人。深圳搞摄影的没有不知道她的。外地人的钱包在她那里丢了，她打了很多长途电话找到失主；有时候算错账了多收人家的钱了，她心急火燎地找到人家去退钱……听起来就像个傻子，可赚的钱不得了，在深圳无论多么牛气的摄影商也愿意去她那里拿货。

这就是真情互动带来的效果。在这个过程中，吃亏不是吃亏，而是一种投资，我们要懂得对我们的人脉进行投资。人性是自私的，也是爱占小便宜的。有时候它可能会让我们掉入陷阱，但有时候它也会成为商家百试百灵的赚钱秘密武器。

如果我们总是担心自己吃亏，斤斤计较，就会很容易得罪与我们相处的每一个人，与其这样，还不如我们吃一点亏，让对方占一点便宜，你的大气赢得了人脉，你就会赚回自己付出的一切。吃亏不是吃亏，吃亏是一种真情互动，只有懂得这层关系的人才能成为真正的人脉高手。

在一家大型菜市场，有很多卖菜的商户，但是有一家的生意是最好的，不仅因为她的菜干净，更重要的是她懂得与买菜的人进行互动。凡是到她这里来买菜的人，她不仅抹零，更重要的是还免费送一些东西。比如，有客户买了黄瓜，她就送人家两根辣椒；别人买了茄子，她就免费送人一头大蒜；别人买了香葱，她免费送客户几根香菜……凡是到她这里买菜的客户都是高高兴兴地来高高兴兴地走。这个菜摊的主人通过这种互动方式，不仅让客户将她与其他的菜摊主人区分开了，更重要的是让客户对她产生了与众不同的好感。

从此之后，无论别家菜摊的菜多么便宜，客户也宁愿来这家买。每个人都有定向思维，只要第一次获得认可之后，以后也是认可的。天长日久，这家菜摊早就把自己失去的挣回来了，甚至翻倍地挣回来了，即使她不再送客户东西，客户也心甘情愿来这家买菜。

后来，由于附近几个大型老旧小区拆迁，很大一部分居民外迁到别的地方了，使得整个菜市场的生意都不好做，甚至有好几家菜摊已经撤出了这里，但之前那家会经营的菜摊生意不仅没有受到影响，反而越来越好。

原来，这家菜摊的女主人又使出了新的策略。一天，有客户刚好从她菜摊前经过，她赶紧喊着："王婶，前天你买菜我忘记找你一块五毛钱了！正好现在给你！"王婶也记不清楚她前天在哪里买的菜，赶紧一边感谢，一边接过钱。后来，王婶成为了她的常客。晚上，这位菜摊女主人的丈夫问她："今天有好几个人你说忘记找钱，你难道忘性那么大？"女主人笑道："每天那么多的人来买菜，我认识谁啊！但我们不这样做，谁会记得我们啊！"丈夫笑了。

要想与身边的人进行良好互动，就必须懂得付出、不计回报，甚至要学会吃亏，尤其在关键时刻更要有敢于吃亏的勇气和度量，这不仅能够体现你大度的胸怀，同时也是做大事业的必要素质。只有在关键时刻能够将亏吃得淋漓尽致，我们才能成为真正的赢家。有时候我们表面上是吃了亏，实际上却是在占便宜，在占别人未来的便宜。如果我们没有长远的目光，而是斤斤计较，自然不会得到最终的收获。吃点眼前的亏，赢得丰盈的人脉，这才是经营人脉最高的境界。

"二战"之后，日本百姓生活艰难，但是一个聪明的日本人仅用 100 万日元让自己走上了富裕的道路。这个日本人做的不是什么大买卖，而是贩卖绳子这样的小生意。他来到日本比较偏远、盛产麻绳的地方购进麻绳，之后再运到城市里的商场去卖。关键是他做的这个买卖一分钱也不挣，如果算上路费、住店、吃饭的费用，完全是亏本的买卖。因为他多少钱进的绳子然后又多少钱卖出去。在买卖的过程中全部是凭票据，他将这些票据都保留了下来。

这个人以这种方式经营，让他没有了任何竞争对手，即使你在这绳子上多加一分钱，也会失去与之竞争的能力。正是依靠这种方式，他很快占领了日本绝大部分的绳子买卖市场。

三年之后，他才启动了自己原定的计划。他首先找到他购进绳子的生产商，拿出票据说："你看我从你这里进了两三年的绳子，给你带来了这么多的生意，但是我没有挣到一分钱，你看从今天开始你能不能给我个折扣？"绳子的生产商接过票据一看，顿时觉得这个人太不容易了，这么多年了竟然一分钱也没有挣到，于是决定以后他进绳子一律九折。

之后，这个日本人又找到商场买他绳子的商家，拿出票据说："我给你供应绳子三年了，但我一分钱都没有挣到，你们能不能加点钱买我的绳子？"最后买他绳子的商家都同意加一成购买他的绳子。这个人从买卖双方之间赚取了20%的利润空间，最终使得他成为日本的绳子大王。

可见，永远占便宜或者永远吃亏的生意是没有的，只有有亏有赚，才能与客户建立更长久的生意往来，彼此才能赚到大钱。

人际交往中更是如此，我们不仅要学会付出，更要学会吃亏。当我们的高端人脉接受我们付出的东西时，他自己心里也清楚，如果他自己不付出一点东西而只让我们付出，他得到的东西也只是暂时的，不会长久。于是，他也会付出。正是在彼此的付出以及获益中，两者的互动频率不断提升，彼此的信任不断增进，彼此的情谊也不断加深，让双方成为学习道路上的好帮手、生意场上的好伙伴、人生道路上的好知己。

5. 介绍你的人脉参与有价值的活动

只有不断地进行互动，你的人脉才能不断增值。其中，介绍我们认为靠谱的人脉参加相应靠谱的圈子，就是互动的方式之一。如果我们的人脉不靠谱，就没有必要去介绍了，这样的人也不适合作为我们的人脉而存在；如果我们介绍的人脉很靠谱，但是圈子不靠谱，这样不仅不能帮助别人，反而有可能害了别人。所以，在介绍前，我们必须做一些必要的锤炼和筛选工作，这样才能做到对彼此价值的最大化。

那么，在人脉互动的过程中，如何做好锤炼和筛选工作呢?

- **首先需要锤炼我们的人脉**

在人性的深处，往往会选择隐藏自身的缺点，这使得我们无法清楚地了解一个人。那么，在介绍对方参加圈子的时候，一定要对自己的人脉进行筛选，介绍那些靠谱、值得介绍的人，不靠谱的就不要介绍了，否则只能是对人脉圈子的一种祸害。另外，在筛选人脉的时候，要根据对方的需求介绍适合他们的圈子，如果对其需求不是很明确，很容易造成双方资源的浪费。

- **锤炼出有价值的人脉圈子**

我们在推荐人脉参加圈子活动的时候，一定要对圈子进行锤炼，如果这个圈子有价值、有含金量，我们再介绍我们的人脉参加，否则就不要介绍了。目前很多活动以有影响力的人为幌子，却以收钱为目的，这样的活动往往华而不实，参加的价值并不大。

- **人脉圈子之间互动的频率**

人脉需要互动，但是需要注意互动的频率。如果频率太低，熟悉的人容易变成陌生人；如果互动的频率过高，容易影响到某一方的工作、时间和精力。因此，互动一定要把握住节奏，适可而止。

人脉不在多而在于精，同样，在人脉互动的过程中，不在于介绍的圈子有多么牛多么大，而在于圈子的价值。否则，我们无论参加多少场活动，依然认识不到真正对我们有用的人。

我的人脉中有一位朋友，我们已经认识十多年了。记得当初认识他的时候，他还是人脉圈子中的活跃分子，各种活动他都参加，而且他口才好，每次在活动上少不了他发表精彩的演讲。可是，40岁之后，他就很少参加这样的活动了，而且也在逐渐缩小自己的人脉圈子，但是留在他身边的人脉都是高质量的，也就是当他遇到困难的时候，只要发出求助信号，总有人能够帮助他，而且能够将事情办得妥妥的。这让他在每件事情上都几乎是成功的，而且轻而易举。

有一次，我们聊到了人脉的事情，我问他："想当年你多活跃，现在老了玩不动了？"他笑道："不是老了，而是越来越清楚自己要什么，明白什么对自己有价值、有意义。"我问他："你现在的人脉圈子有多少？"他说："我现在的人脉圈子经过这些年的筛选，也就剩下五六个了，而且每个圈子也就五六十人，总共认识也就三百人。当然这些圈子的人都是我经过至少五年考验留下来的人脉，交往最长的有三十年的朋友。"他还强调，"我介绍给其他朋友我的人脉，并非是为了换取人脉，而是真正地去帮助有需求的人，我的这些人脉已经足够我用了，只要维护好就足够我受益一辈子。"

后来，我遇到了一点困难，我的这位朋友发挥自己人脉的作用，很快帮助我解决了。可见，他的人脉质量的确是很高的。

高质量的人脉才是真正的人脉，也是我们需求的人脉，这样互动起来更有意义。无论是人脉很低端，还是圈子很低端，对我们的生命都是一种消耗。虽然我们不倡导帮助别人就是为了回报，但是我们的帮助至少要有意义，这样才能激发我们去做更多有价值、有意义的事情。如果我们在人脉互动的过程中遇人不淑，就很容易掉入某些邪恶的圈子。我们身边很多人被熟人骗入传销组织就是典型的案例。

人脉之间是需要互动的，但是在互动的过程中必须拿出诚意，不能尔虞我诈，更不能想着牺牲别人的利益来换取自己的利益。因为一旦以这样的目的为出发点，建立起来的人际关系只可能是暂时的、一次性的，不会有长远的发展。

我认识的一个朋友，他人脉很广，所以他办起事情来总是手到擒来，让我们羡慕不已。我多次向他请教成功的经验，他总是笑而不答，后来直接告诉我："你需要什么？你想认识什么人？告诉我，我帮你介绍就好了！"我随口说："我需要钱！我要认识有钱人。"

本来是我无心的一句话，但我的这位朋友却记在了心里，没几天他打电话告诉我："有个活动很适合你参加。"当时我拒绝了，我说："我谁都不认识，参加有什么意思？"他说："正是你谁都不认识才介绍你参加的。你不是正在创业吗？需要资金。这个活动我是通过内部消息知道的，有几个老板对影视文化产业很感兴趣，正好适合你，我才介绍给你的！"

虽然这次活动我拒绝了，但接下来他给我介绍的几次活动我参加了，正是在这几次活动中遇到了我的投资人、我生命的贵人，让我在创业的道路上走得更加坚定，更加快。

后来，我将这种介绍人脉的方式运用在我的人脉管理上，屡试不爽。在将其他圈子推荐给我的朋友之前，我不再像之前那样只要是活动就推荐给我的朋友，而是在推荐之前，首先对这个圈子或者这个活动的价值进行衡量，如果觉得有价值再推荐给我的朋友；否则，不会推荐。另外，我在我朋友面前经常爱说的一句话就是："你最急切需要的是什么？"然后根据朋友的需求来筛选最适合他们的人脉圈子及活动。通过这种方式，我所推荐的朋友几乎都找到了适合自己的人脉圈子，解决了他们的燃眉之急。不仅如此，大家都觉得我很靠谱。有了他们的鼓励，我也看到了自己的价值，对互相推荐人脉越来越感兴趣。但是，我对人脉及圈子的筛选也越来越严格，我只是想在人生有限的时间里，让大家都做有意义的事情，不要浪费生命。

在与我们的高端人脉互动的过程中，我们也要遵守价值最大化的原则。推荐你的人脉参加活动及圈子时是需要权衡利弊的，不仅要这个活动符合你的人脉需求，更要让这些圈子的人脉能给你的人脉带来更大的价值，要做到这两点，我们就必须对这方面信息进行全面的了解、透彻的分析，只有这样才能做出最正确的选择。当然，我们所推荐的人脉在参加活动或者圈子的时候，还要擦亮眼睛，看清楚，交往那些值得交往的朋友，这样才能让彼此的价值最大化。

6. 巧妙借势成就彼此

我们之所以希望与高端人脉建立密切的关系，就是因为在某些方面我们有所欠缺，而高端人脉可以利用自己的资源弥补我们的欠缺。也许这些欠缺通过我们自己的努力可以弥补，但是会需要很长的时间和精力，这样下来的话成本太高，与其这样还不如借借势，让我们的高端人脉快速地弥补我们的欠缺。

如果在我们的高端人脉圈子中有一些有影响力的人物，我们就要学会巧妙借助他们的影响力成就自己。现实中，大家都很喜欢那些有影响力的人，因为他们代表着信任、实力、成功等，一旦将他们的影响力借势到我们身上，我们也同样能够拥有他们的光辉品质，这样在办事当中我们就不需要高端人脉亲自出头露面来帮忙，会有人处处为我们“开绿灯”，让我们以低成本、高效率的方式出色地达成目标。

要想成功借势，必须记住下面两点：

● 借势要找对对象

我们不能认为只要是高端人脉就可以随便借势，我们的高端人脉也不是个个都有通天的本事，对我们的有些困难他们也无能为力，所以，在借势之前我们首先要对高端人脉进行仔细筛选、认真考量，选中可以借势的对象。

● 借势关键要巧妙

在借势的过程中一定要借得巧妙，这样才能达到我们预期的目标；否则，我们可能花了大力气，结果不仅没有借势成功，还可能在人脉圈留下不好的影响，让我们的高端人脉远离我们或者提防我们。

在人际交往中，如果我们想做成一件根本不可能的事情，这时候或者由于阻力太大，或者由于自己没有显赫的家庭背景，没有足够的资金支持，要想完成它就需要借势高端人脉的影响力。借势不仅能够提高自己的影响力，同时也会产生事半功倍的效果。

美国有一位流浪汉，他无数次给政府写信建议给乞讨人员更多的福利政策，可是这些信件都如石沉大海，没有得到任何回复。这让流浪汉很郁闷，他知道自己人微言轻，政府是不可能理会自己的，于是，他有了一个大胆的想法。

这天早晨，流浪汉敲响了比尔•盖茨的大门。听到敲门声，刚刚吃完早餐的比尔•盖茨跑过来开门，看到一个衣着破烂的流浪汉。比尔•盖茨问：“有什么事情需要帮忙的吗？”流浪汉说：“请你给我 1 美元，我没有钱吃早餐了！”

比尔·盖茨听完流浪汉的话后，没有直接回答，而是反问道："你希望得到 1 美元，还是希望拥有 1 万美元？"

流浪汉说："对你来说 1 美元与 1 万美元有什么差别吗？但我只求你给我 1 美元就好了！"

其实，这位流浪汉是一个聪明人，他非常巧妙地回答了比尔·盖茨的问题。不仅如此，他还暗示比尔·盖茨，希望他能够给自己 1 万美元。

可是，流浪汉的如意算盘落空了，比尔·盖茨只给了他 1 美元，他很失落。但正当他打算离开的时候，比尔·盖茨叫住了他，拿出一张印着"比尔·盖茨"名字的名片，并且在上面写了一句话：利用你身上的长处，通过知识创造属于自己的财富。

比尔·盖茨写完后，将这张名片交给流浪汉，并且说："这张名片送给你，这也是我送给你的另外 9999 美元！"

流浪汉用比尔·盖茨给的 1 美元吃完早餐，之后他开始思考，比尔·盖茨如此有影响力，如果利用这种影响力给政府写信，政府肯定会给自己回信的。于是，他决定给政府写信。流浪汉在信中介绍了即将进入知识打造财富的时代，他甚至还在信中申请成立乞丐咨询公司，并且还非常巧妙地提到了比尔·盖茨对自己的建议和赞赏。

果真，流浪汉很快收到了政府的回信，政府批准了流浪汉信中的申请，并且给予了他一笔援助资金。

流浪汉借助比尔·盖茨的影响力，为自己制造了巨大的声势，从而使得他的人生也发生了巨大的变化。如果仅仅依靠自己的力量，估计流浪汉一辈子只能是个流浪汉，但正是由于他懂得巧妙借势，最终他取得了成功。可见，巧妙借势为自己造势，可以在最短的时间内提升自己的竞争力，改变自己的命运。

我的朋友张杰是一家工程公司的项目业务人员，他最近遇到的一件事情，对我触动很大。

原来，他瞄准了一个大项目，可是，这个项目也是一块肥肉，盯着的人很多，张杰无人脉、无背景，要想拿下来很困难。但张杰不是一个服输的人，他将自己的人脉梳理了一遍，终于理出一点头绪来。自己的一个朋友恰好认识这家公司一个部门的李主任，虽然这位李主任不是项目直接负责人，但是毕竟都属于一个系统，打听点内部消息还是有可能的。另外，张杰分析了一下这位李主任，他虽然在这个单位工作了多年，但是提拔得很慢，此人升职加薪欲望很强烈，可是张杰没有很厉害的人脉，也没有办法帮助他升职加薪啊！但是，张杰考虑不了那么多，他想先将项目拿下来再说其他的。

于是，张杰让自己朋友约了一下这位李主任，没有想到他很快过来了，相谈甚欢，觥筹交错，好不热闹。

席间，张杰的电话响了，他拿起电话，离开座位接电话，他尽量压低声音说："哥，你又到北京开会去了啊？我在和李主任一起吃饭呢！好，好，不说了！有时间我给你打过去！好！"

张杰打完电话，他的朋友接着问："怎么？你哥又去北京开会啦？上次听说回来还没有来得及聚一下，他就走了，如今官大了，我们请不起啦！"

其实张杰接的这个电话是假的，是张杰和他朋友有意让李主任听到的。李主任果然对"到北京开会"感了兴趣，便问："你哥哥在哪里高就啊？"

张杰刚要回答，他的朋友抢道："李主任，我以后私下告诉你，今天咱不说这个。总之，他哥管大事，比如人事任免啊之类的，我相信您应该懂的。”

李主任似乎心领神会连连道：“我懂，我懂！”

果真，升职加薪心切的李主任信以为真了，不停地给张杰敬酒，而在这之前一直是张杰给他敬酒。

后来，这位李主任在张杰拿项目的过程中发挥了不少作用，虽然没有将这个工程全部拿下来，只拿下来了一部分，但还是让张杰从这个项目中赚取了一大笔钱。

我们姑且不评论张杰的品德，单从他成功借势的方法和技巧上，还是有很多值得我们学习的地方。当我们仅靠自己的实力办不成某些事情的时候，不妨转变一下思路，在我们的高端人脉中找到有影响力的人，然后巧妙利用他们的影响力，你会发现原本不可能完成的事情就这样完成了。

第九章 整合人脉 让你的人脉真实有效

筛选优化有效人脉资源
不是大家都喜欢你才有好人脉
对人脉资源进行归类
建立人脉资源管理机制
做身边人资源整合的"红娘"
我们整合的是未来高端人脉

1. 筛选优化有效人脉资源

一只虱子常年停驻在一个富人的床铺上，依靠吸食富人的血液来维持生命。为了防止被富人发现，它总是选择在富人睡熟的时候，动作柔缓地吸食，所以富人一直没有发现。

这天，跳蚤拜访虱子。对于跳蚤拜访的目的虱子没有询问，只觉得上门就是客人，应该热情招待，于是，虱子对跳蚤说：“这个富人的血是香甜的，床铺是柔软的，今晚你就别回去了，留在我这里让你好好饱餐一顿啊！”这正是跳蚤梦寐以求的事情，于是满口答应了，并且急切等待天黑的到来。

晚上富人逐渐进入了梦乡，跳蚤迫不及待地跳到了富人的身上，狠狠地叮咬了一口，痛得富人立马从床上翻起来，到处寻找叮咬自己的东西，准备消灭它。身体灵巧的跳蚤跳得无影无踪，而不会跳跃的虱子最终被富人抓住并消灭掉了。

这虽然只是一个寓言故事，但是也说明了一个问题，在选择朋友的时候要有自己的标准，努力、乐观进取、品格高尚可以作为我们挑选朋友的标准，如果达不到这些标准，是不值得与之交朋友的。可见，朋友是需要筛选的，并非来到我们身边的每一个人都可以成为朋友。有些人来到我们身边只是想借助我们的力量成就他自己，有的人来到我们身边就是为了阻止我们成功，有的人来到我们身边是为了帮助我们让我们与他一起成功。只有最后一种人才可以做我们真正的朋友。

我们一生中会遇到很多人，选择与什么样的人交朋友，就决定了我们的人生会是什么样的，而我们的命运也会由此而决定。那些积极向上的朋友会让我们更加积极向上，那些颓废、堕落的人，只能加速我们的堕落。

同样的道理，我们费尽心机认识了很多人脉，可能觉得这些人脉都对自己很有用，是不可或缺的，可是当你真正想找这些人脉的时候，就会发现他们并非都能够帮助你、能够成为你的有效人脉。真正能够帮助自己的人其实少之又少。因此，有很多人就说，人脉不在多而在于精，要想达到“精”的地步就需要筛选。在这个过程中你不仅会发现能为你两肋插刀的人脉，还会发现假的人脉，甚至你还会发现想要你命的人脉。

从前有一位行侠仗义的侠士叫武杰，临终之前他将儿子叫到身边说：“我快不行了，你年龄尚小，我必须得寻找一个可以托付的人来照顾你。虽然我这辈子做过很多行侠仗义的事情，也认识了很多人脉，但是哪些是真正的人脉，哪些不是真正的人脉，需要通过验证才可知道！”武杰在儿子的耳边嘀咕了几句之后又说，“你必须按照我说的话去做，方能知道谁对我们最有用。”

武杰将他认为的三个很重要的人的住址交到了儿子手中，让儿子前去求助。

武杰的儿子敲开了第一个人的家门，对主人说：“我是武杰的儿子，现在我父亲被人诬陷，正被朝廷追杀，请您收留我，救救我吧！”此人一听顿时大惊失色，赶紧说：“孩子啊！我很同情你家的遭遇，但是我这里也不安全，我给你盘缠，你赶紧逃命吧！你放心，我绝对不会告发你的。”于是，武杰的儿子拿着盘缠离开了。

武杰的儿子敲开了第二个人的家门，对主人说：“我是武杰的儿子，现在我父亲被人诬陷，正在被朝廷追杀，请您收留我，救救我吧！”主人一听，思虑了半天之后说：“这样吧！你先在我家住下来，避避风头，过些日子再具体安排你！”于是，他便在这户人家住了下来，半夜他听到外面一片嘈杂，从窗户一看一群官兵正在朝着这个方向赶来。看来是主人报官了，他急忙穿衣，从院墙角的狗洞钻出去跑了。

最后，武杰的儿子敲开了第三个人的家门，对主人说：“我是武杰的儿子，现在我父亲被人诬陷，正在被朝廷追杀，请您收留我，救救我吧！”主人一听，赶紧将自己的儿子叫到身边，让儿子将衣服脱下来，穿在了武杰儿子的身上，然后，又将武杰的儿子的衣服穿在了自己儿子的身上，并且对武杰的儿子说：“以后你就在我家生活，如果有人问，你就说是我的儿子！”

我们会遇到很多人脉，有些我们曾经还给予过帮助，但是在生死攸关的时候，你会发现：有的人胆小怕事，虽然不干损害你利益的事情，但是绝对不想给自己惹麻烦，这种人是没有任何责任心和同情心的，不适合做朋友；有的人在你危难时刻不仅不帮助你，甚至还想办法置你于死地，这种人更不配做朋友；而有的人在你面临生死攸关的时刻，与你肝胆相照，不计个人得失，甚至愿意牺牲自己的利益来保全你的利益，只有这种人才称得上是真正的朋友。

如果不是通过测验，也许我们会觉得我们的人脉很多都是有用的，但事实并非如此。因此，我们需要对自己的人脉资源进行不断筛选，将那些真正有用的留下来，那些没有用的就少联系吧！否则，他们不仅不会帮助你，甚至还有可能置你于死地。

人心隔肚皮，我们不可能了解每个人内心最真实的想法，但是要时刻记住害人之心不可有，防人之心不可无。我们既不能为了自己的利益去伤害别人，同时也要提高警惕，对那些可能会伤害我们的人，尽量远离。必要的时候，我们可以采取一些方式进行测试，分清真人脉与伪人脉，对此我们可以不说破，但不能没有戒心，只有这样才能够保证自己健康安全，更重要的是我们才能够节省出更多的时间与真正的人脉交流，促进彼此的成功。

2. 不是大家都喜欢你才有好人脉

在我们的人际交往中，很多人都有一个错误的认识，那就是：人人都喜欢自己才能拥有好人脉。于是，很多人为了搞好人际关系，为了让每个人喜欢自己，付出了大量的时间和精力，结果耽误了自己的工作。所以，持有这种想法的人是很愚蠢的，要想让大家都喜欢你，神仙也不可能做到。因为与我们交往的人无论年龄、性别、成长环境、教育程度，还是看待问题的角度等方面都会存在一定的差别，这样的话怎么可能让每个人对你做的每一件事情都认可呢?

所以，在人际交往中，不要期望每个人都喜欢你，如果非要这么做，只能是得不偿失、顾此失彼。我们只需要花一定的精力和时间，让能够决定我们命运的核心人脉或者关键高端人脉喜欢我们就可以了；剩下的一部分时间和精力做好本职工作，提升自己的价值。我们越有用就越不需要高攀人脉，人脉会主动向我们靠近。

那么，如何做到让高端人脉喜欢你呢?

- **本职工作很出色**

本职工作一定要做好，这是基础。如果本职工作一塌糊涂，对企业没有任何贡献，领导不喜欢、同事看不起，无论你认识多少人脉也无济于事。只有本职工作干好，你到哪里都有足够的自信和勇气。这是高端人脉所喜欢的。

● 在某一领域有专长

虽然有三百六十行，但是我们千万不要期望自己在每个领域都干得出色，其实，一个人是不可能做到样样出色的，我们只需要集中精力在某一个领域做得出色就可以了。

● 懂得尊重他人

很多高端人脉都发现，大家尊重的不是自己本人，而是自己的钱。因此，我们要想赢得高端人脉的喜欢，就要忽略他的钱，发自内心地去尊重他本人，让他感受到你的尊重，他才能够接纳你。

● 忠诚很关键

在人际交往中大家都不喜欢的就是两面三刀的人，这些人表面上表现出对别人佩服得五体投地，背地里却将对方骂得狗屎不如，这样的人的人品是有问题的。我们可以不喜欢一个人，但不能诋毁别人。

影响我们发展、决定我们发展的并非所有人，而是我们人生道路上遇到的极少数的几个人，所以，要想改变自己的命运，我们只需要处理好与这几个人的关系就可以了。

静静大学毕业了，她的父亲希望她能够到自己的企业就业，可是静静觉得父亲的企业与自己的专业不对口，没有发展前途，而且整天在父亲的眼皮下工作，就好像监狱中的犯人被警察盯着一般，没有自由。她希望能够脱离父亲的束缚，找到一份自己喜欢的工作，挣自己的钱，走自己的路。

为此，静静与父亲吵得不可开交，父亲说如果静静不听自己的话就与其断绝父女关系，静静更是坚决，说："如果谁说话不算数，谁就不是人！”然后静静就在外面租了房子准备找工作，可是她找了很久，依然没有找到适合自己的工作，她极其失落。

这天她在马路上遇到了自己曾经的班主任，班主任看到静静情绪不高，便问其原因，静静将自己最近受到的委屈统统告诉了班主任，班主任安慰道：“今年毕业的大学生太多了，竞争很激烈，要想找到让自己满意的工作很难。你父亲的企业做得很不错，你为何不到他那里工作几年，让自己度过一个缓冲期，再走向社会时你就没有那么大的压力了！”

静静说：“大家都不喜欢我，我父亲也不喜欢我，而且我已经与他吵到那种地步了，我还有什么脸面回去呢？”

班主任说：“傻丫头，你们毕竟是一家人，一家人还有什么不可以原谅的？只要你真诚道歉，我相信你父亲会原谅你的。再说你父亲不正是为了你的前途与你吵架的吗？谁不想让自己的女儿过上好日子呢？是吧？再说你父亲给了你生命，你爱惜自己就是对父亲的回报！”

静静觉得班主任说得很有道理，回家向自己的父亲道了歉，得到了父亲的原谅。但是父亲并没有让她在自己的企业上班，而是告诉静静：“你之所以没有找到合适的工作就是因为你准备不够充分，越着急心越乱，好的工作距离你越远。我给你两个月的准备时间，好好想想自己的优势是什么？劣势是什么？真正希望找到什么样的工作？自己的职业规划又是什么？都需要写一套完整、深刻的分析方案。你分析得越透彻，越具体，距离你找到工作就越近！”

静静通过这次艰难的找工作的过程，逐渐理解父亲经营企业的不容易了，也相信父亲说的是正确的。于是，她花了一个月的时间深刻地分析自己、总结自己、挖掘自己，终于写出了理想的方案。

静静通过这个分析，逐渐认识到什么样的工作最适合自己，然后按照这个方向找工作，果真很快找到了工作。

面试的时候，如果你所面对的面试官不喜欢你，也没有关系的，再说也不是所有的面试官都不喜欢你。静静的成功是因为对她人生影响最大的父亲给了她关键性的提示，这让静静有了反思自己、重新找到自我的机会，最终赢得了其他企业的喜欢。

人际交往中更是如此。我们千万不要期望大家都喜欢你，只要有一部分人，甚至极少数能够决定我们命运的人喜欢就可以了。我们经常看到一些明星做了一件好事情，被一部分人赞得上了天，也让另外一部分人骂得下地狱。人性是自私的，总喜欢以利己的角度看待问题，很少去换位思考。一部分人喜欢人云亦云；一部分人喜欢与别人对着干，别人赞美我就诋毁，别人诋毁我就赞美，从不认真思考正确与否。而那些明星并没有因为别人的谩骂而消沉，更没有因为赞美而飘飘然，他们继续干着自己的事业。因为赞美或者诋毁自己的人都没有权力改变他们的命运。

妙丽和程程是同事，之前她们的关系很好，可是，后来因为程程勤奋，业绩突出，让妙丽心里很不爽，但是又无可奈何，于是，她不仅散布关于程程的谣言，甚至有事没事总是找程程的碴儿。每当妙丽冲着程程无事生非吵架的时候，程程懒得争吵，只是默默走开，去努力提升自己的业绩。虽然程程受到了很大的委屈，但是她从来没有找领导抱怨过，她相信领导看的是业绩，只要将业绩做好，对公司贡献大就可以了，再说自己没有必要为了赢得妙丽的喜欢而放弃自己的原则。

有一天，妙丽又找程程的碴儿，在办公室大喊道："我讨厌你，我就是讨厌你！”程程本来想像之前一样忍一忍就算了，可是她觉得妙丽将自己的忍让当作软弱，于是，她很温和地回应道：“你喜欢我能够怎么样？你讨厌我又能够将我怎么样呢？只要掌握我前途命运的人喜欢我就可以了！”妙丽觉得这是程程对她最大的反击，于是去找领导告状。结果领导告诉她：“你可以交接一下工作离开了！”

程程说得没有错，我们没有必要去讨好那些对于我们来说无关紧要的人，只要让那些可以改变我们命运的人喜欢我们就可以了。程程出色的业绩让能够决定她前途的领导很喜欢，这就足够了。如果因为讨好妙丽而放弃工作的主动性，导致业绩一塌糊涂，领导不喜欢，程程就没有了工作，这样是将妙丽讨好了，可是她能够给程程工作吗？不能。所以，我们在处理人际关系的时候，要分清主次，不要盲目讨好别人，只要让我们的高端人脉、让能够改变我们命运的人认可就可以了。

3. 对人脉资源进行归类

每个人身边都有很多朋友，但是在我们遇到困难的时候未必每个朋友都会伸出援助之手，甚至有的朋友还有可能在你跌倒的时候在你背上踩几脚，而这时，那些真正帮助我们的人就是我们人脉资源中的核心人物，这样的人需要我们重点去呵护。

但是，一个现实的问题摆在我们面前让我们不得不正视，那就是我们认识的人脉很多，很难分清楚哪些是对我们有用的人脉、哪些是无关紧要的人脉。而且我们每个人的时间和精力都有限，如果在无用的人脉上投资得多，却在对我们至关重要的人脉上投资得少，这样本末倒置只能让我们得不偿失。所以，我们在整合资源之前，首先要做的就是对人脉进行归类。

那么，我们将人脉归为哪几个类别呢？

● 高端人脉

这个级别的人脉对我们的支持力度是最强的，拥有这种人脉要珍惜，如果没有遇到极其重要的事情，不要轻易启动这个资源。另外，我们也应该有心理准备，高端人脉并不是对什么事情都有求必应，他们也有自己办不到的事情。这种人脉也往往与我们有“关键性的关系”，比如多年的朋友、知己、妻子、丈夫，等等。

● 中级人脉

这种人脉对我们是有一定帮助的，但是帮助有限，因为这个级别的人脉往往与我们有着各种的利益关系，比如同事、竞争对手、生意场结识的人脉等。因为他们与我们有直接的利害关系，他们在帮助你的时候往往不会全心全意，更多的时候是会为自己留一手。要加大他们对我们的帮助力度，只能想办法增进彼此之间的信任感。信任感越强，帮助的力度越大；否则，只能是互相消耗。

● 低级人脉

这种人脉帮助我们的力度很小，因为彼此没有交集，彼此的存在感很低，甚至可以说目前对方还不具备帮助我们的能力。我们需要与这种人脉建立长期关系，逐渐维护和培养他们，等到彼此都成长起来，具备足够的能力后再进行深度交往。

对于身边的亲人，他们与我们有着“关键性关系”，彼此间一荣俱荣、一损俱损，所以，我们与其舍近求远寻找人脉，还不如先维护好与亲人之间的关系。很多事业上成功的人士，无一例外拥有完整、健康、和谐的家庭做后盾，这使得他毫无后顾之忧，专心向前冲，事业上不成功才怪；而那些失败者，很大一部分是因为家庭出现了问题，消耗了他很多的精力和时间，结果导致家庭和事业都倒塌了。

乔治从小生活在一个偏僻的小镇上，他有一个梦想，就是希望能够走出小镇到外面的世界去看看。于是，他在父亲开办的企业里努力地工作，希望赚到足够的钱，就去圆自己的梦想。可是，让他万万没有想到的事情发生了。父亲在工作中意外受伤，虽然进行了抢救，但是依然没有能够挽回生命。于是，乔治不得不接替父亲的位置继续经营自己的家族企业，想尽一切办法管理好父亲留下来的财富。而乔治的竞争对手波特看到乔治父亲去世了，更对他的产业蠢蠢欲动。

乔治觉得自己也许这辈子永远也离不开这个小镇，再也看不到外面的世界了，因为他要集中一切精力经营自己的企业。于是，他更加努力地工作，更加珍惜妻子和孩子，他希望尽最大努力让小镇更加美好，让自己的家庭更幸福。

可是，突如其来的事情让他有些不知所措。乔治担心父亲去世后自己管理不好财务败掉家产，就将一大笔钱交给叔叔让其保管，可是不承想这个消息不小心被竞争对手波特听到了，他偷偷潜入乔治的叔叔家偷走了这笔巨款。当乔治听到这个消息时如天塌下来一般，如果没有了这笔款项，公司可能面临关闭，甚至乔治还有可能坐牢。在走投无路的情况下，乔治向身边的朋友求助，结果曾经的那些铁哥们儿没有一个愿意出手帮助自己，乔治不得不低头向自己的敌人波特求助。波特恨不得立马吞并乔治的公司，怎么可能帮助乔治呢？自然波特是拒绝的。此刻的乔治想到了自杀。

幸运的是乔治的妻子为了能够让丈夫重新站起来，四处奔波，向自己的父母、朋友求助。在他们的帮助下，乔治的妻子筹到了款项，帮助乔治渡过了难关。此时乔治才明白，真正能够帮助自己的只有与自己有密切关系的人，比如妻子及妻子的家人和朋友。

可见，关键时刻帮助我们的并非是我们认为的铁哥们儿，而是自己的亲人。因为是一家人，一家人就应该互相帮助，而且只要家中有一个人日子过得红火了，家庭中的每个人都会跟着沾光。反之，如果家庭中有一个人日子过得不好，就有可能连累到整个家庭，每个人的日子都过不好，所以，帮助家人是最明智的选择。

有时候我们认为同学和朋友是自己最信得过的人脉，只要自己有困难就向他们求助。如果彼此没有利益冲突，他们也许会帮助你，否则可能只想拉你下马。很多朋友虽然会帮助你，但是他不会考虑你的心情，你说什么他做什么，更不会在乎你的梦想，而且今天帮助了你，也许明天就等着你用行动来回报他，面对这样的朋友需要谨慎。

小吴和小王是很好的朋友，在同一所大学、同一个专业、同一个班级学习，毕业之后同时进入电视台新闻部工作，现在又多了一层同事的关系，所以，两个人都很珍惜这份缘分。后来，电视台打算在他们部门中提拔一位中层领导，消息传出之后，办公室内的每个人都跃跃欲试，托关系、走后门，都希望自己能够被成功提拔。但是，后来传出的消息是这个领导职位要在小吴和小王两人之间产生。相比之下，大家都很看好小吴，因为他为人不错，办事能力很强，所以大家都认为这个职位非小吴莫属。

可是，当领导宣布结果的时候却让大家大跌眼镜，入选的不是小吴，而是小王。原来，小王对这个职位很感兴趣，他不仅四处联络熟人，还不断在上司面前展示自己的能力，此外，还将小吴说得一无是处。因为两个人是多年的同学，相互了解，要找到对方的缺点易如反掌，领导觉得小王分析得很正确，最终提拔小王为领导，将小吴淘汰掉了。

很多人都相信同学加朋友的关系是最可靠的，可是在利益面前背叛自己的往往是这些人。因为太熟悉、太了解对方，很容易找到对方的致命弱点，所以，在竞争中不要太指望同学或者朋友会来帮助你，甚至你还要做到害人之心不可有，防人之心不可无。

总之，在对人脉资源管理的过程中，不仅要对自己的人脉进行归类，不同的人脉用不同的时间和精力去对待，更应该提防一些小人，明枪易躲，暗箭难防，要及时对自己的人脉进行筛选和归类，尽早将那些无用的甚至有可能对自己造成伤害的人脉过滤掉。只有人脉圈子很干净，才能真正发挥出巨大的作用和力量。

4. 建立人脉资源管理机制

我们不仅需要扩展高端人脉资源，更要学会管理高端人脉资源，否则，即使认识再多的高端人脉，如果不让他们活跃起来，也不能算作真正的高端人脉资源。

人脉资源利用得好与坏，发挥作用的大与小，与是否进行了良好的管理有密切的关系。懂得管理，人脉资源就会井井有条：那个人脉是干什么的？有什么兴趣爱好？对方的需求是什么？能在哪个方面帮助我们？我们就会一目了然。当我们需要帮助的时候，不需要筛选就可以直接与其联系，这样有助于提高人脉资源的活跃程度，更有利于提高我们的工作效率。如果我们不懂得对自己的人脉资源进行管理，只是保留着一堆名片，当我们需要的时候才急急忙忙找出来，打电话进行求助，这时候你不知道对方的兴趣爱好，怎么能够将话说到对方的心坎上？你不知道对方需求什么，怎么懂得付出他所需要的来换取他对自己的支持呢？

那么，我们怎么管理好自己的人脉资源呢？

● 人脉资源管理既要超前也要滞后

超前就是在我们需要人脉资源之前，就应该对这些资源分门别类地进行归类与总结，不要等到需要的时候再管理，那样就太迟了；滞后就是当我们收集到人脉资源之后，应该立马进行归类总结，警惕资源丢失，以便于需要的时候不致慌忙。

● 建立专门的管理机制

我们要根据自己的习惯，建立方便自己管理的人脉系统。不仅方便自己寻找，更方便自己记录，而且记录得越详细越好，这样方便我们对高端人脉进行了解，并且应该将每次与人脉沟通之后的感受列入管理系统，以便下一步沟通更有针对性。

● 懂得对人脉资源适时更新

社会在发展，每个人的职业也在发生改变，因此，我们的人脉管理系统也应该时时进行更新，如果不懂得更新，一是可能遗失一些人脉资源，二是沟通会遇到障碍，三是人脉资源难以发挥价值。

可见，要想让我们的高端人脉充分发挥自己的作用，必须懂得建立自己的人脉管理机制。这样不仅便于对人脉资源加以利用，更方便对人脉资源进行拓展，如此才能起到人脉资源应该起到的作用。

美国前总统克林顿当时能够成功地赢得竞选，与他拥有很多人脉资源和善于管理自己的人脉资源有很大的关系。在竞选的过程中，他那些高知名度的朋友扮演着举足轻重的角色。这些朋友包括他小时候在热泉市的玩伴、年轻时在乔治城大学与耶鲁大学法学院学习时的同学，以及日后当罗德学者时的旧识等。他们为了克林顿的成功当选而四处奔波、全力以赴。所以，克林顿在成功竞选为总统之后，不无感慨地说："朋友是我生活中最大的安慰！"

克林顿之所以能够拥有这么多维系多年的朋友，缘于他对自己人脉网精心管理和及时调整。每天晚上睡觉之前，他都会对自己当天认识的人脉资源进行一次梳理。他有一个笔记本，专门对自己的人脉进行记录：今天在某个地点，某个时间点，与哪个人进行了沟通？为什么沟通？沟通的效果怎么样？……克林顿会针对这些做详细的记录，并且对那些印象好的人脉做重点标注。

过一段时间克林顿就将自己的人脉管理笔记拿出来看一下，看看有哪些重要人脉这段时间没有沟通了，对于那些重要的人脉，他隔段时间会找一个理由与其进行面对面的沟通。回来之后，再将沟通的效果记录在笔记本上。对那些没有用的人脉，再给彼此一次见面沟通的机会，如果还是没有效果，他只能从人脉资源中删除这个人。正是由于克林顿采取了这种管理方式，经营活了那些高端的、有用的人脉资源，在他需要用的时候，每个人脉都能够充分发挥自己的作用，最终将克林顿推向了成功。

克林顿管理人脉资源的方法是值得我们学习的，这不仅保证了人脉资源的有效性，同时也给拓展新的人脉留下了足够的时间和空间。但是现实生活中，我们看到很多人保存了成千上万张名片，但到底哪个人脉对自己有用他也不知道，名片也舍不得扔掉，总担心万一有一天那个人对自己有用了怎么办。就这样，名片继续存放着，日积月累，名片堆如山，一年后没有用，三年后也没有用，当要用的时候联系对方，才发现已经联系不上了。其实，这就是不懂得人脉管理所造成的后果。

我下面给大家介绍的这位朋友，他可谓是人脉管理高手中的高手。他叫小张，是我认识多年的朋友，他主要从事保险行业。大家都知道这是个人际关系依赖性很强的职业。说白了就是谁拥有更多的人脉资源，谁就会拥有更多的客户。如果没有人脉，怎么去开拓客户？如果遇到一个人开拓一个人，这样让人买保险的难度就太大了，不仅不利于事业的发展，也不利于个人的发展。

小张在保险行业混得风生水起，每年他的业绩都是全公司第一名，很快从普通员工提升为高级经理，之所以有如此成绩，缘于他拥有很多的人脉，而且他擅长将这些人脉资源管理得井井有条。

由于小张的业绩突出，他很快便成为了公司的红人，无论是老员工还是新员工都会向他请教成功的秘诀。小张每次都很谦虚，而且毫不保留地向请教的员工说："要想做好保险业，首先要搞好人际关系，只有有了丰富的人脉，我们才能有更多的客户。其次，很关键的一点就是，我们要懂得管理好人脉，通过经营管理不仅能让他们成为我们的客户，而且能让他们给我们带来更多的客户。我们每天见哪些客户，又新开拓了哪些客户，都要做到心中有数，如果人太多记不住没有关系，我们可以在电脑或者手机中制作一个人脉表格，将每个客户的细节情况记录下来。比如姓名、性别、生日、手机号码、电子邮箱、兴趣爱好等，都应该有详细的记录，并且对重点客户和潜在客户做特殊标注，方便自己识别和沟通。当然，不是制作好表格就算是人脉管理了，而是应隔三岔五对自己的人脉进行追踪回访，一是看他对保险的认识是否改变，二是在客户那儿混个脸熟。对那些态度坚决的客户，我们也不要放弃，用润物细无声的态度去服务、去感化，总有一天他们也会成为我们的客户。"

正是通过这种人脉管理方法，小张的事业有了很大的发展。在人脉管理中，我们也应该借鉴小张的方法。就像我在前面说的，拥有人脉并不能说你就是人脉资源的强者，只有懂得人脉的管理才算得上人脉的王者。因为只有懂得管理，我们的人脉才是活的，才是可以利用的，否则，这些人脉就是一张名片、一张废纸而已。

5. 做身边人资源整合的“红娘”

我们都不是万能的，不可能拥有所需要的所有人脉资源，当我们需要某些人脉资源，或者别人需要某些人脉资源的时候，虽然我们自己没有，但并不意味着别人没有，我们可以进行资源整合，通过人脉网在别人的资源库中寻找到自己所需要的人脉资源，或者从我们的人脉资源库中寻找到别人所需要的人脉资源。通过这种方式进行人脉资源互补，是找到所需人脉资源最便捷的方式。

如果我们没有分享精神，总觉得自己的人脉资源是自己通过辛苦得到的，凭什么要分享给别人，持有这种思想的人，在遇到困难的时候别人也会拒绝为他提供帮助，因为他不懂得分享，他对别人是没有价值的。而且这种自私的想法越强烈，你的人脉圈子就越小，最终导致自己孤立无援。而那些懂得分享的人，他的价值会越来越大，人脉资源也会越来越丰富，在遇到任何困难的时候几乎都可以快速地找到能够帮助自己的人脉。

我们在人脉资源整合的过程中需要注意以下几个问题：

● 整合最有用的资源

当我们还不完全了解手中的资源时，不要盲目向别人推荐自己的资源，否则，有可能耽误他人的事情；只有经过自己考核之后，将那些靠谱的人脉资源推荐给别人，才利人利己。

● **分享是资源整合的方式之一**

当别人缺少资源的时候，我们要懂得分享资源，只有如此，当我们需要资源的时候，别人才会心甘情愿地分享资源给我们。如果缺少分享精神，你就不可能拥有更多的人脉资源。

● **以长远的目光进行整合**

我们在整合资源的时候，不能只看眼前的利益，应该将目光放长远一些，整合未来对自己、对别人有用的资源。急功近利或者临时抱佛脚得来的人脉资源的风险就很大。

要想扩大自己的人脉圈子，就要学会做整合人脉资源的“红娘”，学会牵线搭桥，从双方的不同需求分析，介绍适合他们的资源使其进行对接，如果不提前考量需求，盲目介绍，只能造成“门不当户不对”的局面，这样配对的资源对双方都没有用处，甚至会对双方造成伤害。

我们也可以介绍有资源需求的人进入不同的人脉圈子。如果你有一个人脉圈子，在你的圈子之中有我需要的人脉，那么你可以将我拉进你的人脉圈子；如果我有一个人脉圈子，有你所需要的人脉，我也可以将你拉进我的人脉圈子。通过这样的方式进行资源整合，会使我们拥有两个彼此需要的人脉圈子。这才是真正的人脉资源整合。这样不仅能够解决我们的需求，同时也能使彼此的人脉资源翻倍。

我有两个朋友，亚恒是汽车销售人员，艾伦是保险销售人员。

有一次，亚恒向一位客户推荐了一辆汽车。一周之后，这位客户突然接到了一个陌生人的电话说：“怀特先生您好，我是亚恒的朋友，感谢您在一周之前向我的朋友亚恒购买小汽车，今天打电话只是想通知您，请您明天抽时间开车回车行进行检查！”

其实，这是艾伦借助亚恒分享给自己的资源给客户打的电话，艾伦知道这个客户是当地的文化名人，每天都很忙，一般不会接受别人的邀请，所以想借助回车行检查车况的机会请客吃饭，然后希望他能够从这里购买车险。

第二天，这位客户如约而至，在检查车况之后，艾伦说："怀特先生您好，为了感谢您对我工作的支持，我请您一起吃饭，顺便一起聊聊如何更好地维护您的爱车！"

艾伦接着说："像您这样的成功人士，一定会非常注意生活品质，一定需要一份完善的保障计划，我这里有一份保险计划书，请您留意看一下！"这位客户盛情难却，只好接过保单。

过了一段时间，艾伦给之前的那位客户打了电话，并且登门拜访，终于签下了一份保单。同样，亚恒也向艾伦的保险客户推销汽车，他们互相分享资源，业务做得越来越好，这就是人脉资源交换的有效运作。

如果两个人都守着自己的人脉资源，舍不得分享给对方，那么，他们只能不断去开发新客户，这样一来不仅难度增加，成本也会增加；但是，彼此分享资源，对双方来说都是精准客户，花很少的力气就可以成交，不仅节约了成本，更是极为互惠互利的一种做法，这就是他们成功的法宝。

当我们充当人脉资源整合的"红娘"时，推荐需要人脉资源的朋友进行资源互换，不仅成就了当事人双方，我们作为"红娘"的人品和形象也树立起来了，当双方需要人脉的时候会再次想起你，还会给你介绍很多的人脉资源。这就使得三方的资源都会越来越丰富。

当我们手中没有自己所需要的资源的时候，要敢于向自己的人脉圈子之外发出求助信号。很多人担心求人会欠下别人的人情债，所以什么事情都是自己解决，从来不求人，这样导致的结果往往不能如意，会让自己否定自己的能力，同时还担心会被人看不起，总是躲着别人，逐渐孤立自己，最终可能会走向毁灭。大多数人都是愿意帮助别人的，因为帮助别人不仅能够体现自己的价值，更能激活自己的人脉。很多人脉长期用不上，可能变成“资源僵尸”，对己对人都没有好处。所以只有不断利用，人脉才能不断增值。

我相信我们身边经常有这样的朋友，当我们有需求的时候，只要求助于他，没有他办不到的事情，我们总觉得这个人太牛了怎么什么人都认识。其实，这都是他默默付出所换来的。你可以发现这种人在日常生活中总是喜欢帮助别人，为什么呢？因为帮助别人不仅能够赢得别人的肯定，还能够赢得更多的资源，一举两得，何乐而不为呢？

6. 我们整合的是未来高端人脉

真正的人脉高手往往经营的是未来的人脉。为什么这样说呢？因为真正的人脉不仅需要考验，还需要培养，建立对彼此的信任，这是一个漫长的过程，不是一朝一夕可以完成的，只有放“长线”培养起来的人脉才能真正有用，才能帮助我们办大事。那些临时抱佛脚求人帮助我们办的事情一般只能是小事、急事，对于重要的大事情他们未必愿意出手帮忙，因为你们之间还不是很了解，还没有建立深厚的信任，他不愿意冒险去帮助一个陌生人。

所以，在整合人脉的过程中，我们看一个人是否有价值，不能只看当下、只看眼前，而是要着眼于未来，看这个人在未来与自己是否有交集。如果在未来有用，那么我们必须给对方更多的时间和耐心来进行培养。

培养未来人脉应该注意的几个问题：

- **良好的品质是培养的前提**

如果面对的人脉品德不合格，那么即使他再优秀也不值得我们去培养，否则，我们可能花了很大的时间和精力，培养出来的不是“叛徒”就是对我们毫无意义的人，得不偿失。

● **包容对方的缺点**

每个人都有优缺点，我们的人脉也是这样。我们既要看到别人的优点，也需要包容别人的缺点。如果总是盯着他们的缺点，那么缺点就会被放大，这样我们就会失去培养的耐心，最终半途而废。

● **培养需要充分的时间**

培养未来的人脉需要充足的时间，太过急功近利是培养不了未来的高端人脉的。但是，这并不是说无限期培养，而是在培养的过程中，不断地用具体的事情进行考验，以检验培养的效果。

● **需要不断进行引导培养**

我们在培养的过程中不能放任自流，而要有明确的目标，并且不断引导目标，让人脉向着既定目标前进，这样在需要帮助的事情上对方才会主动出手。

我们在这里说的人脉，不仅包括那些目前对我们没用但是未来对我们有很大用处的人，更包括已经是高端人脉的人。不要认为高端人脉不需要培养，其实高端人脉更需要培养，培养不仅是互相增进了解、建立信任的过程，更是让高端人脉价值增值的过程。这样在未来，当我们遇到需要解决的问题时，他们就能够全身心投入，能够得心应手地加以处理。

我的高端人脉里有一位企业的董事长，我觉得他在培养未来的高端人脉上很有一套，值得我们学习和借鉴。这位董事长的业务主要是承包经营那些大的电器公司的工程。他经常对这些电器公司的重要人物给予方便，除了这些重要人物，对这些电器公司年轻的小职员也特别友善，完全没有公司董事长的架子。

虽然从目前来看这些人似乎对董事长没有用处，但是董事长心里却很清楚，这些人未来肯定对自己有用。于是，他通过各种途径将每个电器公司的员工资料收集了一份，包括学历、人际关系、工作能力、业绩等，然后进行分析，对那些将来大有可为、完全有可能成为电器公司一把手和二把手的人员，无论目前多么年轻、资历多么浅他都会全心全意地与之结交。因为这位董事长相信，这些人未来对自己有用，所以付出多少金钱、时间和精力，他都觉得值得。

这位董事长心里非常明白，在这些欠自己人情债的人当中，只要有三五个人回报自己，那么对他公司来说已经是一笔不小的收益。虽然目前是亏本的生意，但未来必定会加倍收回来。

这位董事长真是火眼金睛，他看中的人升职都很快。但凡有人升职，他总是带着礼品前去庆祝，并且邀请其到高级餐厅就餐。这些年轻的领导从来没有到过这些高档场合，对这位董事长真是感激涕零。心想：我从前从未给过这位董事长任何好处，并且现在也没有掌握重大交易决策权，这位董事长真是位大好人！无形之中便产生了知恩图报的意识。

但这位董事长从来不因为自己付出了就趾高气扬，依然很低调很谦虚，对这些年轻的领导说：“我们公司之所以有今天的成绩，完全仰仗贵公司的抬举，无以回报，我只能通过这种形式以表感谢！”董事长这样说，让这些年轻的领导心理负担稍微减轻了一些。

后来，这些年轻的领导步步高升，成为电器公司的核心领导，但他们始终没有忘记董事长对自己的恩惠。因此，在生意竞争十分激烈的时期，电器公司纷纷涨价，账期缩短，导致许多承包经营的公司纷纷倒闭或者破产，唯独没有给这位董事长的公司涨价，账期也没有缩短，使得这家公司在竞争激烈的时刻生意更加火爆，让他赚得盆满钵满。

如果这位董事长是一位“近视眼”，不懂得着眼于未来去培养自己的高端人脉，那么，最终他面临的将是和其他公司一样的结果——倒闭。可正是因为他懂得培养未来的人脉，更懂得进行情感投资，使得他在竞争激烈的时候没有倒下，反而开始收获人情的果实，这不仅让他渡过了难关，而且也回收了他曾经付出的几倍甚至几十倍的收益。

我们求助别人的时候不能急功近利，否则可能吓跑我们的人脉。这就像钓鱼，如果太过着急，鱼儿还没有咬紧诱饵就赶紧收渔竿，必定钓不到大鱼，因此，我们需要有足够的耐心等鱼儿完全将诱饵吞下去之后再收渔竿，这样才能让鱼儿跑不了。另外，我们要想吃到大鱼，就需要有足够的耐心，懂得付出，给鱼儿投放更多的鱼食，让其快速长大，否则，心急是吃不到大鱼的，只能是吃小鱼了。

第十章 维护高端人脉 让其成为可持续的力量

维护人脉不是索取而是给予
懂得收缩人脉圈子
核心人脉与次要人脉的维护
拒绝生活中的无用社交
人脉维护需要细节之中见真情
电话中解决不了的问题最好当面解决

1. 维护人脉不是索取而是给予

我们经常说，多个朋友多条路，这是因为生活在这个社会中每个人都可能遇到困难，多认识一个朋友，在困难的时候就可能会多一个人伸手帮助自己渡过难关。可见，朋友就是我们每个人最大的财富。那么我们就要有意去拓展自己的人脉圈子，多认识一些朋友。不过，大量的事实也证明，朋友并非越多越好。因为朋友多了精力就会被分散，我们就容易忽略那些更重要的朋友。

尤其是对那些还不是很了解的朋友和客户，我们应该从各个方面进行观察，看他的动机和行为是不是完全利己、自私的？有没有为我们着想过？如果这些朋友心中只有自己，从来不为别人着想，为了自己的利益可以干一些损人利己的事情，那么这种人是不值得信赖、不值得深交的，也没有必要进行合作。

相反，如果对方能够为我们着想，这种人就是很值得交往的。另外，在付出的过程中如果对方做了超出我们期望的事情，也会很容易赢得尊重和信赖，人们也会很乐意与他们建立长期的联系，因为他们用行动证明了对对方的关心。

可见，要想维护好我们的人际关系，不应一味地索取，更要懂得付出和给予。

那么，我们在给予的过程中应该注意哪些问题呢？

● 给予对方迫切需要的东西

我们给予别人的帮助不能过多，如果过多对方就不会珍惜，反而会造成浪费。给予的时机也要恰到好处，这样才能达到锦上添花、雪中送炭的效果，这也是最佳的效果。

● 给予的价值要超出想象

当我们给予别人东西的时候，不能只在乎东西本身的价值，还要想办法增加附加值，当这种价值超出了对方的想象时会更凸显其价值。

在与高端人脉进行合作的时候，我们首先想的不能是对方能够给我们带来多大的利益，而是我们能够给对方带去什么价值。如果在合作之前，我们就给对方带去了超乎想象的价值，对方必会给予我们同等的价值，这样就能达到共同进步的结果。否则，对方就会觉得亏欠了我们。如果在交往之后，我们又带给了对方超乎想象的价值，那么对方就会与我们进行更深入的交往。

有一对老夫妇购买了一幢园林式别墅，想聘用一位园艺师，这时，邻居向他们推荐了一位，于是，夫妇俩决定就聘请这位园艺师。

然而令这对夫妇奇怪的是，这位园艺师在见到他们之后，除了询问园艺方面的情况之外，还会询问他们很多其他方面的问题，并且将回答一一记录在本子上。比如，每天下班之后几点到家？周末喜欢钓鱼吗？附近最欣赏谁家的院子？对诸如此类的问题，这个园艺师都问得一清二楚。

很快，这对老夫妇就明白了园艺师的良苦用心，他除了按时修剪植物之外，还总是不断地给他们带来新的惊喜：他会把他们新买回来的圣诞树移栽到更加阴凉的地方，他会给他们寄一些关于绿色肥料的文章，还会在周末过来提前为他们准备好第二天钓鱼的鱼饵……老夫妇终于明白为什么邻居向他们推荐这位园艺师了。

所以，当我们觉得自己没有用的时候，并非是自己本身没有用，而是自己的附加价值太小，能给予别人的东西太少。每个人都是两条腿、两条胳膊、一个脑袋，在这些东西上其实没有互相攀比的必要，真正要比较的就是每个人的能力。试想，你办不到的事情，他办到了，那么可以说他的价值就会更大。其实每个园艺师的本职工作都差不多，但是当有一个园艺师能够给予自己的工作更多的附加东西，而且这些东西是雇主所没有想到的，那么这个园艺师的价值就增加了，雇主也都会希望让这样的园艺师为自己服务。

有一天，公司的老总向员工宣布了一件事情，由于业务发展的需要，公司想从内部挑选一位人才做公司的副总经理，每个人都有机会，三个月之后公布答案。老总宣布这个消息之后，公司的每个人都跃跃欲试，尤其是主任，因为她是公司的老员工，而且除了老总外，她的职位最高，权力最大，所以，她对这个职位志在必得。

三个月之后，老总在大会上宣布了这个消息，让所有人没有想到的是，副总经理的人选竟然是一位普通得不能再普通的业务人员。当主任听到副总经理不是自己的时候，极为生气，当场离开了会议室。

会议结束之后，主任气冲冲地走进老总办公室，以质问的口气问道："我哪里不如一个小小的业务人员了？为什么选择她，而不选择我呢？"

老总想向其解释什么，却欲言又止，此刻他突然想起了什么似的对主任说："深圳的客户你联系一下，看他们来不来我们公司考察。"

主任气呼呼地出去了，一会儿又回来了，对老总说："不来。"

老总问:“这周不来呢,还是这个月不来?”

主任顿时愣住了,因为她没有向客户确定这些东西。

主任回答不上来打算离开,被老总叫住了:“你稍等一下。”然后老总拨通了新提拔的副总经理的电话,“你到我办公室来一下。”

副总经理很快赶到了老板的办公室:“老板,您有什么吩咐?”

老总说:“深圳的客户你联系一下,看他们来不来我们公司考察。”

一会儿副总经理联系完毕回来了,向老总汇报道:“深圳的客户,这周没有时间过来,最终确定下周三,上午10点的飞机,到我们这里应该是下午1点半,他们同行的有四个人,我已经帮他们预订了酒店,并且通知司机12点必须赶到机场,免得路上堵车耽误接客户。”

老总很满意地点点头,而站在一边的主任似乎明白自己为什么没有当选,灰溜溜地走了。

你与你的高端人脉关系密切的程度,取决于你所做的事情是否能够达到对方的预期。如果你所做的事情达不到对方的预期,对方怎么会愿意与你建立更密切的关系呢?如果你为你的高端人脉做的事情刚好符合对方的预期,那么对方与你建立的关系也只能是普普通通的关系。只有当你所做的事情完全超乎你的高端人脉的预期,你的附加值才会大大地增加,对高端人脉来说你的价值会更大,那么对方就愿意与你建立更加密切的关系,建立更长远的发展关系。

2. 懂得收缩人脉圈子

我们一直在前进,只要前进就会遇到各种各样的困难,就需要认识很多的人脉来帮助自己。于是，从参加工作之后，我们就开始无休止地参加各种活动，拼命认识各种各样、各行各业的人脉。其实后来发现，很多社交活动都是无用的社交，浪费了自己很多的时间和精力。结果，自己的工作也没有干好，自身价值没有得到体现，认识再多的人脉又有什么用呢？自己没有价值感的话，那么认识的人脉也会离你而去。与其这样还不如收缩我们的人脉圈子，专注干好自己的工作，提升自己的价值，只要留住身边几个重要的朋友就好，只要他们真心实意地对待你，那么这也是很珍贵的财富。

可是，现实中很多人都患上了社交瘾，只要是个活动就去参加，就会去发名片，就互相加微信，结果认识的人太多，分不清主次，乱了头绪。要想深入认识每一个人那是不切实际的事情，最终把自己累得够呛，却没有一个重要人脉。

因此，我经常建议我身边的朋友：35 岁之前拓展人脉圈子，35 岁之后缩小人脉圈子。为什么以 35 岁为界限呢？一个人在 35 岁的时候一般事业相对稳定，思想成熟，能够清楚地知道自己需要什么、不需要什么，再说我们很多人从 25 岁开始工作到 35 岁，这十年认识了不少的人脉，而且这十年精力充沛，有足够的时间和精力去花费在社交上，将在这个阶段认识的人脉充分管理好就足够了。35 岁之后，很多人成家立业，有很大一部分精力需要分配到家庭上去，精力相对会少一些，如果还要去追求认识更多的人脉，只能顾此失彼。因此，这个时候就可以缩小人脉圈子，将已经认识的人脉经营好。

在缩小人脉圈子的时候，应该注意以下问题：

- **将有用的人脉留下来**

这就需要我们在 35 岁之前，通过一系列筛选，将有用的人脉留下来。虽然不可能完全准确，但至少可以对自己人脉的主次有个大概的了解。35 岁之后再测试人脉有点晚，而且成本更高，不划算。

- **对重点人脉重点维护**

在维护高端人脉的过程中并非是对其唯马首是瞻、唯唯诺诺，而是君子之交淡如水，当对方需要帮助的时候，我们应该尽最大努力去帮助；当我们需要帮助的时候，也可以直接向其提出请求。

● **挖掘人脉背后的资源**

当别人求助于我们的时候，我们个人也许没有能力去帮助，这时就需要我们挖掘身边的资源来帮忙。同样，当我们求助于别人的时候，别人也可以挖掘自己身边的资源帮忙。由于都是彼此筛选留下来的人脉，人品比较靠谱，所以办事的效果也较高。

如果人脉发展到一定阶段，不懂得缩小人脉圈子，一味地扩展，最终倒霉的只能是自己。因为最后认识的人脉大都急功近利，而且我们没有更多的时间去深入了解，那么就可能会让很多不靠谱的人混进我们的圈子，这些人往往会将自己拖下水。

我的一个大学同学李强毕业之后被分配到一家银行的分行工作。刚开始，李强十分努力，他也经常适时地和分行的行长进行业务交流，认真求教，很快，头脑聪明的李强就赢得了行长的赏识。

几年之后，李强荣升为这家分行的信贷科科长。慢慢地，李强和社会上的一些朋友熟悉起来，你来我往，经常一起吃饭。这期间，正巧分行长年事渐高，到了要退下来的时候，他也有意让李强接替自己的位置，于是，李强开始成为他的代理副行长，经常一起出席各类金融高端会议，这让李强结识了很多金融界的重要人脉。老行长不断吩咐李强，一定要低调，多向老前辈学习，多联络，做好各种铺垫。

可是，李强没有听进去行长的话，心浮气躁的他在一大堆社会朋友的吹捧中渐渐迷失了自己的方向，每天都忙着和社会上的朋友交际，慢慢地，大把的资金通过他的手借给了他的那些朋友。

最终，许多贷款成为了坏账，李强风光无限的日子结束了，行长的位置也被葬送了。

李强之所以断送了自己的前途，就是因为盲目地扩展自己的朋友圈子，并且不分主次，有求必应，最终自己挖坑将自己埋掉了。老行长之所以将自己多年认识的人脉介绍给李强，就是想让这些经过千锤百炼的人脉有一天能帮助到李强，可是，李强没有认真对待这些人脉，反而与那些冲着他手中的资源而来的人打得火热，最终断送了自己的前途。

我们认识人脉不仅是为了丰富自己的生活，更是希望在工作上能够对自己有所帮助。经过时间考验的人脉，我们往往比较放心。可是有一部分朋友是新认识的，没有经过时间的考验，表面上看起来很不错，其实越是这样的朋友越要警惕，千万不能落到对方将自己卖了自己还帮着数钱的下场。

李玫今年刚好50岁，是一家广告公司的老总，她将自己的广告公司经营得风生水起，而且经过二十多年的创业她有了自己固定的客户群体。李玫本人比较豪爽，对朋友很讲义气，因此，她身边总是有很多好朋友，这些好朋友对推动她的事业起到了很大的作用。

可是，有一天一个叫阿春的男人走进她的办公室，说是要做广告，而且阿春还强调自己是李玫某个朋友介绍来的，希望在价格上能够有优惠。李玫也没有仔细考虑是否真的是自己熟悉的朋友介绍的就在价格上做了优惠。

李玫很快按照阿春的要求将广告做了出来，并且交给了阿春，阿春对广告的设计制作等各方面都很满意。

可是三个月之后，公安局、工商局都找到了李玫，原因是她给阿春设计制作的是药品广告，而且阿春所出售的是假冒伪劣药品，导致五六位患者死亡，四五十人中毒。阿春被抓起来了，李玫也被抓起来了。李玫很后悔，自己原本有固定的客户群体，但是为了眼前的小便宜，为他人做了虚假宣传的广告，最终将自己弄进了监狱。

送上门的生意可以做，但是我们必须对对方有所了解，不能盲目地为了钱就忘记了一切。尤其是对那些新认识的人脉，更要谨慎。我们还应该懂得，在一定的年龄阶段学着缩小我们的人脉圈子，将更多的时间和精力花费在老人脉上面，因为这些人脉带来的价值更大，再加上是熟人关系，有一定的信赖基础；再说，很多人都喜欢与熟人打交道。

3. 核心人脉与次要人脉的维护

在我们认识的高端人脉圈子中，虽然他们都很“高端”，但未必每个人都对我们有帮助，甚至可能很大一部分人只是偶尔才有交流，更多的人脉可能根本不会有交流。如果我们对每个人都平分时间和精力去维护的话，成本就太高了；而且在有些时候我们已经对其倾尽所有了，结果人家并不满意，与其这样活受罪，还不如对我们的人脉进行分类，对那些真正有用的人脉进行重点维护，而对那些沟通较少的人脉则花少一点的精力去维护。

那么，一般怎么给人脉进行分类呢?

● 无效人脉

这种人脉是那些虽然认识但生活交集很少的人。需要注意的是，也许他对我们没有帮助，当并不意味着他帮不到我们，也不意味着他对我们身边其他的人脉没有帮助。这种人脉需要我们偶尔与他们沟通一下，让他记得你，当你身边的人脉需要的时候可以介绍给他，这样有助于人脉的拓展。

● **可用可不用的人脉**

面对这种人脉的时候不要急功近利，把他当作一般朋友来对待，偶尔创造机会，激活这些人脉，让他时刻感受到价值，这样当你需要的时候他可以随时来帮助你，平时就让他像休眠火山一般存在于你的人脉库中即可。

● **急用的人脉**

这种人脉往往是因为自己急需用才认识的，为了能够快速地让他们帮到你，不仅需要你直接向其提出自己的要求，更需要你启动身边比他更厉害的人脉来衬托自己的价值，只有让对方看到你的实力与价值，他快速伸手帮你的概率才会大大提高。当然得到对方帮助之后，我们要懂得感恩，不能用完了就将对方抛弃。无情无义的人是没有人愿意给予帮助的。

● **长远发展需要用的人脉**

这种人脉放在眼前是没有用处的，但是从长远发展的角度来看，对方对我们极其有用，这就需要我们以细水长流的方式来维护与他们的关系，让他们时刻感受到我们的存在和我们对他们的在乎。这种人脉不需要我们在当下花太大精力去维护，否则成本太高，但也不适合等到需要用的时候再临时抱佛脚，这样显得急功近利。

尺有所短，寸有所长，虽然人脉之间彼此千差万别，但都是有价值的，都值得花时间和精力去维护，只不过对那些核心的人脉，也就是极为重要的人脉，我们需要多花点时间和精力，对那些可有可无的人脉则少花点精力而已。

当然，在面对人脉的时候，我们需要有一定的弹性，因为社会在发展，每个人每天都在变化。有些人可能当时对我们很重要，但是后来等到我们自己的实力增强了，或者我们认识了其他更厉害的人脉时，他们就变得不那么重要了。有些人可能当时被我们归为次要人脉，可是后来他步步高升了，对我们越来越重要了，这就需要我们调整维护的策略。

另外，也有这样的情况：在人际交往中有些对手可能会变成我们的朋友，有些朋友也可能与我们交恶，这都是很正常的现象。当遇到这种情况的时候我们不要感到绝望，而应该以平常心来对待。不能绝对地认为哪些人应该这样做，哪些人应该那样做，只要我们能够与人脉保持好的关系，次要人脉也有可能变成核心人脉，关键看我们以怎么样的心态来面对了。

三国时期的刘备，本来就是个贩卖草鞋的小商贩，可是他非常善于经营人脉，麾下聚集了关羽、张飞、赵云、黄忠等虎将，更是先有徐庶后有诸葛亮和庞统这两位当时最有名的谋士围绕左右，这才得以联吴抗曹，成就了三足鼎立的一番霸业。

《水浒传》中的宋江，他本是一个押司，一个比芝麻粒子还要小的官儿，连他的妻子都看不起他，可他却是一个经营人脉的高手。众多的江湖好汉，无论是三拳打死镇关西的鲁智深，还是景阳冈打死老虎的武松，包括胆大包天抢了生辰纲的晁盖等人，只要一听到他的名字，个个心悦诚服，都说他是个大英雄。

明清的胡雪岩，幼年时候放过牛，当过学徒，后来经商，时刻以“仁义”二字为经商的信条，随机应变而不投机取巧，致富发家而不忘本，使得他在商场和官场认识了很多的人脉，正是这些人脉成就了他，让他成为一名闻名大江南北的红顶商人。

以上案例中所提到的成功人士，帮助他们成功的有不少是曾经的敌人，可正是由于他们善于经营人脉，使那些人最终成了他们的得力助手。因此，我们应该有一颗包容的心，对于无论是得罪我们的还是被我们得罪的人，都应该与其维护好关系，想办法化解不愉快，而不应该让自己前进的道路上多个敌人，否则我们成功的路上就会出现重重障碍。由此可见，维护好自己的人脉对每个人来说都很重要。

那么，一旦我们的人际关系出现了裂痕，应该怎样来维护呢？

● 一定要当面说清楚

每个人所处的角度不同，思维方式不同，看待问题的结果自然不同，所以产生矛盾和分歧不可避免。一旦产生误解，不要等待，而是应该及时处理，将矛盾消灭在萌芽之中，否则夜长梦多，小矛盾会变成大问题。此时，最好不要电话或者微信沟通，而是应该面对面进行沟通，这样不仅显得有诚意，更重要的是很多问题只有面对面沟通才容易解决。

● 一定要把握住时机

与人脉产生误会之后，需要我们去解释缘由、消除误解，但必须选择好时机，要考虑对方的心境、情绪等情感因素。最好选择对方心情愉悦的时候来说明解释，因为这个时候对方神经放松、心胸宽广，我们更容易得到对方的谅解。

● 可以考虑借助第三者

如果自己出面无力解决误会，我们可以借助第三者来帮助。很多时候彼此都不好意思开口化解误会，那么我们可以借助第三方帮助我们传话，做一次“破冰”游说，然后再通过第三方来约一次双方见面的机会，有了前面的“破冰”，后面见面就不显得那么尴尬，这对于最终的和解有很大的好处。

总之，人非圣贤，谁能无过？无论是我们还是我们的高端人脉都会犯错，最终出现误解，让关系陷入僵局。此刻，要想打破僵局，最好的办法就是及时补救，重拾彼此的信任，这样才能让友谊长存。

4. 拒绝生活中的无用社交

现实生活中，我们的很多人脉都是隐性的、需要开拓的，在没有正式拥有这个人脉之前，我们并不清楚手中真正的人脉资源到底有哪些，所以，我们需要不断地进行沟通和培养，并不断地开拓。于是，我们拼命参加各种活动和应酬，希望能够结识很多有用的人脉，比如，婚宴、乔迁、接风酒会等，我们是抱着认识人脉的目的前去，可往往会发现在那里只是认识了一群蹭吃蹭喝的朋友，他们可能不仅对你没有帮助，也许还希望从你这里占点便宜；甚至有很多大型活动名义上说得很高大上，吸引很多人参加，但其实只是为了收取会费，最终目的并不是让我们结识更多的人脉，而是为了让组织机构挣更多的费用。这样的社交完全可以算得上是无用的社交了。

那么，我们该如何判断哪些是有用的社交，哪些是无用的社交呢？

● 如果我们的目的很简单，就是为了交朋友，那么，只要志趣相投，无所谓对方是否有能力，只要聊得来就可以交往。如果参加了这样的活动，认识了这样的人也可以算是有用社交。

● 如果我们交往的目的很明确，就是想认识高端人脉，希望在自己面临困难的时候对方能够帮助自己，那么，我们就要从对方的能力来衡量了。如果对方有这个能力，并且愿意帮助别人，那么，你认识了这样的人，就算是有用的社交；否则，就是无用社交。

● 要想提高有用社交的概率就得提升自己的价值。如果我们没有特长，没有自己的价值，对社会没有任何贡献，那么我们认识的人再多，也只能是一群和我们一样的人。如果提升了自己的价值，那我们能够认识的人就大不相同了。就像马云、柳传志、马化腾等人，他们认识的大都是与自己同等级别的人，说的就是这个道理。

通过社交建立自己的高端人脉圈子是没有错的，尤其对刚跨入社会的人来说，没有人脉圈子会寸步难行。但是，任何事情都具有两面性，认识人脉的平台也有好坏之分，有益的社交平台能够让我们在此认识很多靠谱的、对我们有帮助的人，而有些社交活动则并不利于我们建立人脉圈子，参加这些活动对我们毫无益处，甚至还会给我们造成伤害。因此，我们在建立人脉圈子的时候应该具有一定的分辨能力，面对那些无用的社交活动，该拒绝的要勇敢地拒绝，今天不拒绝明天就可能会让自己受罪。

我的一个同学可谓交际达人，在上学期间他就混迹各种社团，并且成为某些社团的核心人物。可以说学校里面的人没有他不认识的，无论是学校领导，还是普通老师和学生。每次他都会在同学面前炫耀自己认识了哪个牛人，或者今天认识了哪个美女，等等。总之，他的两部手机中密密麻麻存满了手机号码，少说也有两三千人吧！的确，在学校这个小圈子里，他所认识的人的确帮了他不少的忙，他为此也付出了不少，甚至有人三更半夜去医院他都爬起床去帮忙。

毕业之后，他继续扩展自己的圈子，又认识了更多社会上的人。有一天，有个朋友让他出来帮个忙，他放下手中的工作立刻去了。朋友递给他一把刀说："一会儿有人来找事，你是我的朋友帮我抵挡一下！"正说着，一帮手持棍棒的人进来了，紧接着一场混战。我的朋友被人打得不能动弹。后来，他们都被警察抓了进去。由于他不是主犯，关了三天就放出来了。可是主犯面临至少一年的刑期。此刻，主犯的朋友过来求助我的朋友："你人脉广，认识的人多，你调动你的人脉将老大救出来！"没有想到我的朋友当场就答应了："放心吧！我认识公安局的人，肯定可以将人放出来！"

于是，我的朋友将自己的通信录找出来，寻找那位在公安系统工作的朋友，结果他还没有把话说完对方就挂了电话。后来他试图通过别人寻找公安系统其他的朋友帮忙，结果都被拒绝了。我的朋友有些失望。后来，他还挨了一拳，因为他答应找人救主犯，结果没有成功，主犯的小弟认为我的朋友没有尽力，便对着他的眼睛挥了一拳，让他立刻变成了"大熊猫"。他很后悔认识这样一帮人。

我们每个人的时间和精力都很有限，所以为了提高社交的有效性，在面对邀请之前，应该对需要参加的活动有所选择，不能看到活动就参加，这样不仅浪费自己的时间，还有可能认识一些对自己有害的人。对那些有利于自己的、可以帮助自己建立人脉圈子的活动，我们可以参加，不过也并非每场活动都参加，依然需要我们加以筛选。有些活动即便对自己有用，但可能会影响自己的工作，影响自己与家人的团聚，那么我们完全可以放弃。如果有些活动对自己没有任何用处，那自然需要果断拒绝，不要觉得是好朋友介绍的拒绝了不好意思，要知道，拒绝的话总比参加这些活动认识一些人渣将自己置于危险边缘好吧。

阿文在一次社交活动中认识了一位互联网公司的老总，是一位女性，据说资产已经达到了几十个亿，这让阿文羡慕不已，将这位女老总当作神一般来崇拜，逢人就说自己认识这位老总。尤其，有一天他向身边的朋友炫耀道："我已经认这位老总做我的干姐啦！"于是，不停在朋友面前"干姐，干姐"地叫着，身边的朋友都以为他被富婆包养了。

后来，阿文辞职去跟着他的"干姐"闯大事业。虽然他很少与身边的朋友联系了，可是通过微信朋友圈知道阿文的确混得不错，住洋楼、开宝马，美女簇拥，时不时在微信朋友圈晒成堆成堆的人民币，让朋友们羡慕得都想跟着阿文去混，后来，还真有几个朋友投奔阿文去了。

后来，当阿文和他的"干姐"老总上电视的时候大家才知道，阿文所说的大事业其实就是利用互联网进行诈骗。后来，阿文被判了八年，这让那些被阿文诱惑但没有去投奔他的朋友唏嘘不已，很庆幸自己当初没有跟着去。

可见，在社交中如果真正遇到了贵人，就能够帮助我们走上正道，干出一番事业，而有些人只能让自己陷入万劫不复之地。因此，要想建立自己的人脉网，就要懂得拒绝那些无用的社交。当然有些人在我们认识之初可能隐藏得比较好，但时间久了就会显露出原形。经历的事情多了，遇到的人多了，就会不断提高我们的判断力，让我们能够分辨清楚哪些是有用的社交、哪些是无用的社交，哪些是有用的人、哪些是无用的人。

人生有限，我们每个人的时间和精力也有限，只有将更多的时间和精力放在对自己真正有意义的事情上，我们的事业才能得到长足的发展，人生才能得到更大的进步。所以，我们需要果断放弃那些无用的社交，与那些品德高尚、积极进取的人为伍，才能拥有真正高效的人脉资源圈子。

5. 人脉维护需要细节之中见真情

真正的友谊不是属于有钱人和有权人，而是属于有心人。如果我们在人际交往中能够将对方放在心上，处处关照对方，必然能够赢得对方的真诚友谊。

其实，每个人都渴望赢得别人的关注和重视，渴望得到别人的赞美和认可，希望自己成为别人谈话的焦点。那么，在人际交往中我们就不能太自私，不能只考虑自己的感受而不考虑别人的感受。其实别人的外在需求往往我们很容易看到，而内心需求是很难直观地看到的，这就需要我们做一个有心人，对对方进行细微的观察，通过生活中的小细节来了解对方的内心需求，进而想办法满足他们，只有这样才容易得到别人的认可和信赖。

那么，怎么做才能够算得上是有心人呢？

● 观察细致，深入内心

我们要想真正地了解一个人的内心思想，就必须学会观察，而且越细致越好，比如表情、言行举止、衣着等都是观察的对象。如果这些方面有变化，内心世界肯定也会随之变化，当找到变化的原因后，我们就知道该说什么话、该做什么事情了。

● 记住细节，了解内心

细微之处的服务到家最能感动人，当然这需要我们有一颗观察细微之处的心，并且有好记性。比如别人的生日、结婚纪念日等，如果能够在这些特殊的日子送去特别的祝福，就容易赢得对方的心。

● 换位思考，体察内心

每个人都有倾诉的心理，但是有很多人可能会言此意彼，这就要求我们学会听对方话语背后深层次的意思，懂得换位思考，了解对方真正的需求。

在人际交往中，通过细小的事情来赢得对方的好感是最好的方法。对高端人脉来说，他们的大事情很多人都盯着，我们未必能够抢得上，而能够感动别人的小事情往往容易被忽略，如果我们此刻能够抓住机会，就会显得很特别，就会让我们的高端人脉对我们终生难忘。同时，利用细微之处打动别人，无论是针对高端人脉还是针对普通人都很管用。

一次，纽约商人及政治家威廉•比尔登门拜访当时共和党的领袖马克•汉纳。比尔对汉纳有些偏见，因此，对谈话并没有十分热情。然而比尔发现，在整个交谈的过程中，汉纳从头到尾都在讲关于比尔的事情：关于比尔的父亲、关于比尔对政纲的意见等。

汉纳说：“你是来自俄亥俄州吧？你的父亲是不是比尔法官？他是民主党……”汉纳像是和一位世侄交谈一样说，“嗯，你父亲可是个非常厉害的角色，害得我几个朋友在一次石油生意上损失了许多钱啊！”

在这次交谈的过程中，汉纳不时地讲到许多关于比尔的小事。就这样，当谈话结束的时候，比尔对汉纳的反感已经烟消云散。几天之后，威廉·比尔甚至成了汉纳忠诚的支持者。在此后的几年中，威廉·比尔最愿意做的事情就是为自己曾经厌恶过的汉纳服务。

可见，在人与人的交往中，我们要努力记住对方的小事，并且在适当的时候表达出来，让对方知道你记住了他的事情，这能够让对方获得一种被重视、被尊重的感觉。当对方这种被重视的心理得到了极大的满足之后，就会对你产生好感，甚至可能会寻找最恰当的时机回馈于你，而且常常是超额回报。尤其是你提到的关于对方的事情越是微小、越是不起眼，越能够让对方感受到你对他的重视和在乎，让他获得极大的心理满足感，同时也会对你产生更大的好感。尤其是高端人脉说过的某些可能连他本人都忘记了的话，如果我们记住了，并且在与他的交流中将这些话说了出来，这样不仅能够说服对方，更能够赢得对方的好感。

综上，凡是别人没有做到的，你做到了，你就很容易赢得对方的信任；凡是别人没有记住的你记住了，你就很容易赢得对方的信赖。

有一次，我打算组织一个饭局，邀请我的一个高端人脉李总帮我办一件很重要的事情，为了提高办事成功率，我特地邀请和李总关系不错的第三方——赵总作为中间人帮我游说。在请客之前，我对李总研究了一番，还预订了五星级饭店的一个包房。可是，最终还是被李总无情地拒绝了。

虽然这件事情对我非常重要，但是对方已经拒绝了，我也无能为力。可是饭店已经交钱了，总得消费掉啊！于是，我告诉赵总：“我饭店都预订好了，他不来了，你就来吧，要不然就浪费掉了！”

赵总觉得自己没有说服李总来帮助我，因此不好意思参加我的饭局。因为我和赵总是多年的朋友了，所以我“威胁”道：“如果你不来以后就别认我这个朋友！”赵总只好答应我的饭局了。

但是让我没有想到的是，参加饭局的那天，赵总竟然和之前想约没约到的李总一起跨进了大门，赵总给我们几个人互相做了介绍，然后落座。

点餐的时候，我作为请客方已经点好了一些菜，为了照顾到其他朋友的口味，我点完之后，将菜单递给身边其他的朋友，让他们根据自己的喜好再加几个菜。一个朋友说：“加一个猪肉炖粉条吧！”我赶紧拦住他：“这个菜别点了，我们换个其他的菜吧！”朋友似乎明白了什么意思，赶紧换了其他的菜。

上厕所的时候，我与赵总相遇了，他偷偷告诉我：“李总虽然答应参加你的饭局了，但是和你说实话，他也是我绑架来的，而且你说的那事情李总也难以办到，所以咱们今天在饭局上就别提你的这件事情了！”我答应了。

饭局上大家扯了一些不痛不痒、无关紧要的事情。当我再次向李总举杯敬酒的时候，我突然记起三天之后好像是他的生日，于是我的祝酒词是这样说的：“李总，十五号是您的生日，可是我们明天就出差，不能给您过生日了，我今天提前为您过生日，祝您身体健康，步步高升！”李总很高兴，赶紧与我干杯，我的其他朋友一听我这样说，纷纷举杯与李总干杯，李总喝得红光满面。

一周之后，我出差刚回来就接到了赵总的电话：“明天去李总办公室一趟！”我心里一惊问：“啥事情啊？”赵总笑道：“你小子心里揣着明白装糊涂啊！”

我与李总见面了。他是一个干脆的人，没有绕弯子直接说：“你需要办的事情，我想办法帮你协调帮你办。当然并不是因为吃了你的饭嘴短才帮你办这件事情。我觉得你这个小伙子不错！就拿那天吃饭来说吧，你不仅在点餐上照顾我的忌讳，还记得我的生日，在就餐的过程中处处细致入微地照顾我，让我很感动，我吃过很多饭，见过很多人，看得出来你将来大有前途，所以，这件事情我必须帮你办好！”

可见，在人际交往中我们要做有心人，从细微之处去感动别人收效最明显。虽然做起来有难度，但是只要我们细心观察、换位思考，总能找到抵达对方内心的道路，成就更完美的人生。

6. 电话中解决不了的问题最好当面解决

现在人与人交流的渠道越来越多，比如电话、微信、微博等，但是人与人之间却变得越来越陌生了，沟通也越来越少了。这是因为很多人觉得沟通联系太方便了，只要有一个电话、一个微信就可以联系到对方，于是，沟通变得不那么勤快了，熟悉的人也变成了陌生人。和之前联系不方便相比，或者说在没有电话、微信、微博的时候，大家都知道沟通不容易，于是，大家都很珍惜，对很多事情都能够直接面对面沟通，既增进了友情又提高了办事效率。可是现在，我们联系方便了，见一个人却变得更难了。

要想拥有良好的人际关系，就需要精心维护，不能因为联系工具发达了反而减少沟通和见面的机会。我们应该有事没事都在电话、微信上或者面对面地沟通联络。如果平时连一声问候都没有，你们之间变成了陌生人，那么等到有一天有事情的时候再去联系这个人，你觉得这个人帮助你的可能性有多大？

在电话中沟通应该注意的几个问题：

● 电话沟通的频率

不一定每天都进行电话沟通，但是至少半个月、一个月进行一次电话沟通，可以是单纯的问候，也可以寻找对方感兴趣的话题交流，总之，要给对方留下你比别人更在乎他、关心他的印象。

● 短信（微信）沟通也算电话沟通

短信（微信）沟通也是很有必要的，逢年过节或者特殊的日子都可以短信（微信）沟通，但是记住不要复制他人的短信发给对方，这样会给对方一种你不尊重他的感觉，最好能够指名道姓祝福谁谁谁，这样显得更亲切。

● 电话中沟通不清楚的最好见面沟通

我们经常看到男女朋友之间在电话中吵架，而且越吵越凶，歇斯底里，这就是电话沟通的弊端。彼此看不到对方的表情，感受不到见面沟通所具有的氛围，所以，很小的问题在电话中被无形地夸大了。我们与人脉沟通的时候也是如此，电话中沟通容易产生矛盾，与其这样不如见面沟通。

要想提升在别人心目中的地位，就需要经常联系，只有这样你才能在别人的心目中占有一席之地，这样才能为以后求助的时候积累资本。

有位老师做了一个看起来很无聊的实验。他在学校众多班级中选取了一个班级作为实验对象，然后在这个教室的黑板上一个不起眼的角落里写了一些奇怪的英文单词，让这个班级的同学每天都能看到黑板角落里的英文单词。渐渐地，大家发现这些单词与课文中所学的单词毫无关系，也没有包含在他们所学习的范围内，但是时间久了，这些奇怪的英文单词成为了这块黑板的一部分，成为了这个教室的一部分，大家也不再觉得有什么奇怪了。

当同学们习惯了这些单词之后，发现它们并不是一成不变的，而是每隔一段时间，这些英文单词就改变一次，但是它们似乎有个规律，有些单词只出现过一次，但有的单词反复出现。

期末的时候，老师将一份问卷发到了同学们的手中，要求对曾经在黑板角落里出现的所有英文单词进行满意度评估。

统计结果显示，一个单词在黑板上出现得越频繁，它的满意率越高。

同样的道理，在人际交往中要想得到别人的喜欢和认可，就得让对方熟悉你、了解你，所以能见面沟通最好是见面沟通，因为熟悉的程度、了解的程度与交往见面的次数有很大的关系。也就是说，交往的次数越多，越是熟悉，心理的距离越近，越容易产生心理共鸣，从而更容易赢得对方的理解，建立密切的关系和友谊。

前几天电视台做了一个街头采访。主持人拿着一块小黑板，说了几个我们日常生活中经常挂在嘴边的词语，让路人写在黑板上。比如，妨碍、彷徨、贿赂、奚落、肇事、表彰、抓阄、讽刺等几组词语，共采访了六个人，完全写对的没有一个人，很多人甚至没有写对一组词语。很多人很尴尬地说："现在直接用电脑敲字，很少用手写字，熟悉的字也变得陌生了。"

通过这个案例我们可以知道，很多时候，越是熟悉的东西我们越是陌生，因为我们总以为自己很了解，可是恰恰由于这样的心理，让我们缺乏对熟悉东西进行更进一步了解的兴趣。而且事物每时每刻都在发生变化，时间长了，越是熟悉的东西越成为我们了解和认识的盲区，变成了我们最陌生的东西。

人际交往中也是这样，我们总觉得我们与某个人是熟人，于是，就不去沟通、不去了解，当有一天我们有求于这个人的时候，对方已经不再认识我们了。这样的事情经常发生，并非我危言耸听。因此，人与人之间需要经常沟通，即使对那些很熟悉的人也不能缺少沟通。话又说回来，在这个竞争激烈的社会，大家都很忙，打个电话、发个短信的时间都几乎没有，更别说见面了。的确是这样，但这并非不能克服。

多年前的一天，我的一个大学同学出差路过北京。晚上9点了他打电话告诉我，他现在在北京的某个酒店入住，第二天一早坐飞机飞广州。我有多年没有见到他了，于是，我告诉他让他别睡觉，我一小时之后会到达请他吃饭。晚上10点半我到了酒店，然后我们一起出去喝了酒。我的这位同学很内疚，不停地说："我对北京不是很熟悉，如果早知你距离我这里如此远，就不要你过来了！"我是这样回复他的："当你想见一个人，天涯海角都近似咫尺；如果你不想见一个人，即使这个人在你隔壁，你也觉得远在天涯海角！"我同学很赞同我的这句话。

所以，只要是我们想见的人，无论怎样都可以见到，除非是我们不想见的人。互相沟通最差也可以打个电话、发个信息，在别人的电话簿中混个脸熟。我再举个例子，想象一下你十多年没有联系的一个同学，你们生活在同一座城市，彼此都知道对方的联系方式，但无论是在逢年过节，还是在你遭遇不幸的时候，他都没有问候过你，也没有打电话联系过你。突然有一天，他主动给你打来电话，让你帮他一个忙，你会怎么想呢？多少还是有点不乐意去帮助他的吧？那么反过来，如果你与他有过几次电话沟通，或者在逢年过节的时候他问候过你，在你遇到困难的时候他也帮助过你，这个时候他打电话过来寻求帮助，你心里就乐意很多吧！

所以，要想与我们的人脉建立良好的关系，能够见面最好，如果没有见面的条件，最好能够时常保持电话沟通。不要让老朋友变成了陌生人才想起去联系，这就有些迟了！

享讀者

WONDERLAND